T0129750

essentials

essentials liefern aktuelles Wissen in konzentrierter Form. Die Essenz dessen, worauf es als „State-of-the-Art" in der gegenwärtigen Fachdiskussion oder in der Praxis ankommt. *essentials* informieren schnell, unkompliziert und verständlich

- als Einführung in ein aktuelles Thema aus Ihrem Fachgebiet
- als Einstieg in ein für Sie noch unbekanntes Themenfeld
- als Einblick, um zum Thema mitreden zu können

Die Bücher in elektronischer und gedruckter Form bringen das Expertenwissen von Springer-Fachautoren kompakt zur Darstellung. Sie sind besonders für die Nutzung als eBook auf Tablet-PCs, eBook-Readern und Smartphones geeignet. *essentials:* Wissensbausteine aus den Wirtschafts-, Sozial- und Geisteswissenschaften, aus Technik und Naturwissenschaften sowie aus Medizin, Psychologie und Gesundheitsberufen. Von renommierten Autoren aller Springer-Verlagsmarken.

Weitere Bände in der Reihe http://www.springer.com/series/13088

Michael Möhring · Barbara Keller
Rainer Schmidt

CRM in der Public Cloud

Praxisorientierte Grundlagen
und Entscheidungsunterstützung

Michael Möhring
München, Deutschland

Rainer Schmidt
München, Deutschland

Barbara Keller
München, Deutschland

ISSN 2197-6708 ISSN 2197-6716 (electronic)
essentials
ISBN 978-3-658-19723-0 ISBN 978-3-658-19724-7 (eBook)
https://doi.org/10.1007/978-3-658-19724-7

Die Deutsche Nationalbibliothek verzeichnet diese Publikation in der Deutschen Nationalbibliografie; detaillierte bibliografische Daten sind im Internet über http://dnb.d-nb.de abrufbar.

Springer Gabler

Gedruckt auf säurefreiem und chlorfrei gebleichtem Papier

Springer Gabler ist Teil von Springer Nature
Die eingetragene Gesellschaft ist Springer Fachmedien Wiesbaden GmbH
Die Anschrift der Gesellschaft ist: Abraham-Lincoln-Str. 46, 65189 Wiesbaden, Germany

Was Sie in diesem *essential* finden können

- Grundlagen Customer-Relationship-Management (CRM)
- Grundlagen Cloud-Computing
- Welche Faktoren die Wahl von CRM in der Public Cloud beeinflussen
- Wie ein Public Cloud-CRM-System eingeführt werden kann, worauf dabei zu achten ist, und welche Systeme beispielhaft existieren

Vorwort

Liebe Leser,

wir freuen uns, dass Sie sich für unser Buch „Public Cloud CRM" entschieden haben. Das nachfolgende Manuskript ermöglicht Ihnen den komprimierten und schnellen Einstieg in das Thema *„Customer–Relationship–Management in der Public Cloud"*.

Wir stellen immer wieder fest, dass sowohl in der Wissenschaft als auch in den europäischen Unternehmen große Fragen zur Nutzung von CRM in der Public Cloud bestehen. Unser Buch soll daher einen Beitrag zum besseren Verständnis der Nutzung von CRM in der Public Cloud leisten. Das Buch entstand basierend auf langjähriger Forschung und Erkenntnissen im Cloud-Computing und CRM. Hierbei soll insbesondere die europäische Sichtweise im Mittelpunkt stehen. Die referenzierte Literatur ermöglicht Ihnen eine tiefer gehende Recherche zu bestimmten Themen.

Wir möchten uns weiterhin bei allen Unterstützern dieses Buches und unserer Forschungsarbeiten bedanken. Ohne den Austausch mit Unternehmensvertretern und Kollegen wäre diese Publikation nicht möglich. Besonderer Dank gilt Frau Kristina Ebert und Herrn M. Sc. Christian Vogel. Weiterhin möchten wir uns bei Frau Mag. Imke Sander, Frau Dr. Elke Flatau sowie Frau Dr. Anna-Lena Hermelingmeier vom Springer-Verlag & Lektorat für ihre Unterstützung bedanken.

München   Michael Möhring
im Juli 2017   Barbara Keller
Rainer Schmidt

Inhaltsverzeichnis

Einleitung

Das Management von Kundenbeziehungen – das sog. „Customer-Relationship-Management" (CRM) – ist durch den Wandel von Verkäufer- zu Käufermärkten immer wichtiger geworden [1]. Durch ein ausgefeiltes Customer-Relationship-Management können Kunden an das Unternehmen gebunden und auf diese Weise Umsatz sowie Gewinn gesteigert werden [1]. Konkret geschieht dies, indem auf den einzelnen Kunden und dessen Charakteristika (z. B. Produktpräferenzen) individuell eingegangen wird. Je wichtiger und ertragreicher ein Kunde ist, desto wichtiger ist es auf diese individuelle Pflege der Kundenbeziehung einzugehen. Die Grundlage für eine gelungene Umsetzung stellt hierbei die Sammlung von Informationen über den Kunden in allen Phasen des Kundenlebenszyklus dar [1]. Mithilfe der gesammelten Informationen können Aktionen, Produkte usw. identifiziert werden, die bereits bekannte oder bis dato latente Bedürfnisse des einzelnen Kunden erfüllen. Gleichzeitig wird es möglich, dem Kunden gegenüber ein einheitliches Erscheinungsbild zu präsentieren („One-face-to-the-customer") [2]. Dies ist insbesondere erstrebenswert, da es zusätzlich die Kundenbindung und Kundenloyalität stärkt [3].

Der Erfolg des Customer-Relationship-Managements hängt maßgeblich von der Informationsgewinnung über den Kunden und der Integration dieser Daten ab. Die ersten IT-Systeme zur Unterstützung von CRM (CRM-Systeme) konzentrierten sich auf die Datenquellen im Unternehmen [4]. Sie wurden vorwiegend unternehmensintern betrieben. Die Kunden kommunizierten via Brief, Telefon usw. mit dem Unternehmen und die Aufgabe der CRM-Systeme war es, diese Interaktionen zusammenzuführen und mit Daten aus anderen Systemen, wie z. B. dem ERP-System zu verknüpfen. Die Nutzung von Cloud-Computing als Basistechnologie für CRM-Systeme wurde anfangs vorrangig durch Kostenüberlegungen getrieben [5]. Die Funktionalität von CRM-Systemen ist ähnlich der von

© Springer Fachmedien Wiesbaden GmbH 2018
M. Möhring et al., *CRM in der Public Cloud*, essentials,
https://doi.org/10.1007/978-3-658-19724-7_1

ERP-Systemen generisch darstellbar und für unterschiedliche Branchen weitgehend in ihrer Struktur deckungsgleich und damit gut übertragbar [4, 6]. Daher konnten durch den Einsatz von cloudbasierten CRM-Systemen Effizienzvorteile realisiert werden. Zusätzlich bieten cloudbasierte CRM-Systeme einen einfachen Zugriff auf die CRM Anwendungen von verschiedenen Orten aus – ohne großen Installations- und Konfigurationsaufwand im Vergleich zu herkömmlichen Lösungen [7]. Dies bringt den Vorteil mit sich, dass die Funktionen des CRM-Systems auch für Mitarbeiter im Außendienst leicht zugänglich sind und gut eingesetzt werden können.

Die zunehmende Digitalisierung [8] der Kundenkontakte, die Nutzung von verschiedenen digitalen Kommunikationskanälen sowie das Aufkommen des Internet of Things [9] verändert die Motivation hinsichtlich des Einsatzes von cloudbasierten CRM-Systemen. Auf diese Weise sind eine Vielzahl möglicher Datenquellen für das Customer-Relationship-Management entstanden, wie beispielsweise die Nutzung von (internetverknüpften) Produkten im Rahmen des Internet of Things [9]. Dies ist, wie bereits oben erwähnt, prinzipiell ein Vorteil für die Implementierung eines gut funktionierenden CRM. Jedoch stellt es viele Unternehmen vor eine nicht zu vernachlässigende Herausforderung. Die Aufgabe, viele neue Datenquellen über unterschiedlichste Standards und Protokolle zu integrieren, überfordert viele Unternehmen schlichtweg. Doch damit nicht genug. Gleichzeitig mit der Integration entsteht für die Unternehmen eine weitere und ggf. noch gewichtigere Herausforderung, der sie sich stellen müssen – Stichwort Datensicherheit. Da der Datenfluss eine Öffnung der internen IT erfordert, können je nach Anwendungsfall Herausforderungen im Bezug zur Sicherheit entstehen [10].

Cloudbasierte CRM-Systeme [11] bieten zusätzlich, über die höhere Kosteneffizienz hinaus, erhebliche Vorteile bei der Integration von (externen) Datenquellen und der IT-Sicherheit. Auf operativer Ebene ergeben sich Vorteile durch die Fähigkeit von cloudbasierten IT-Systemen, da sie einen durchgehenden Betrieb gewährleisten, ohne dass es zu Unterbrechungen durch Software-Wartungen etc. kommt [5]. Es überrascht daher nicht, dass aktuelle Studien [12] davon ausgehen, dass bis 2018 62 % der CRM-Systeme cloudbasiert sein werden.

In den nachfolgenden Kapiteln werden die Grundlagen zum Customer-Relationship-Management sowie Cloud-Computing gelegt. Danach erfolgt ein Überblick zu wesentlichen Forschungserkenntnissen, welche die Wahl einer Lösung in der Public Cloud beeinflussen. Weiterhin werden beispielhafte Lösungen und wesentliche Aspekte bei der Umsetzung von Public Cloud-CRM-Projekten kurz aufgezeigt. Zur weiteren Vertiefung der einzelnen Aspekte dieses umfang- und facettenreichen Themas sei auf die referenzierte Literatur verwiesen.

Customer-Relationship-Management 2

2.1 Grundlagen des Customer-Relationship-Management

Customer-Relationship-Management (kurz: CRM) ist eines der zentralen Schlagworte in Wissenschaft und Praxis [13]. Seinen Ursprung hat das CRM im Relationship-Marketing (RM) [14, 15]. Dessen Gegenstand ist es, Kundenbeziehungen und Netzwerke in den Fokus des Marketings zu rücken und dadurch eine langfristige und individuelle win-win-Beziehung zwischen Kunden und Anbietern aufzubauen [16]. Mitte der 1990er Jahre entstand daraus im IT-Umfeld erstmals das Konzept des CRM [17]. Schnell entwickelte sich das CRM zu einem der meistdiskutierten und dynamischen Themen, sowohl in der IT selbst, als auch allen anderen betriebswirtschaftlichen Bereichen [18].

Das Customer-Relationship-Management rückt die Beziehung zum Kunden und somit eine der Kernfunktionen eines jeden Unternehmens in den Mittelpunkt [19]. Es gründet auf der Idee, dass Anbieter und Kunden gleichermaßen ihren Nutzen aus der Geschäftsbeziehung erhöhen [20]. Im Fokus des CRM steht der Kunde selbst und die kundenindividuelle Beziehung, die das Unternehmen zu diesem einzelnen Kunden hat.

Der Begriff CRM wird in verschiedenen Bereichen verwendet und folglich hierzu auch verschieden definiert [21]. Neben den betriebswirtschaftlichen Aspekten wie z. B. Strategie oder Wertschöpfung, werden auch technische Komponenten des CRM wie z. B. die Multichannel-Integration oder das Informationsmanagement in mannigfaltigen Definitionen aufgegriffen und in den Fokus gerückt [13].

Im Rahmen der vorliegenden Ausführungen soll das CRM als ein integratives Konzept aufgefasst werden, das einen möglichst ganzheitlichen Blick auf den einzelnen Kunden ermöglicht [13, 19]. Dies beinhaltet ferner die Integration von IT

© Springer Fachmedien Wiesbaden GmbH 2018
M. Möhring et al., *CRM in der Public Cloud*, essentials,
https://doi.org/10.1007/978-3-658-19724-7_2

Systemen in das Relationship-Marketing, um eine langfristige Beziehung zu den Kunden zu erreichen [13]. Wer auf Dauer wettbewerbsfähig und erfolgreich sein möchte, der kommt nicht daran vorbei, sich intensiv mit dem CRM und dessen konkreter Umsetzung in der Praxis auseinanderzusetzen [22, S. 13].

Bereits in der Vergangenheit legten die Unternehmen Wert auf gute, langfristige und individuelle Kundenbeziehungen. Für deren Pflege und Aufbau wurde oftmals auf die Stärken des Vertriebs und der Mitarbeiter dort gesetzt. Beispielsweise hatten Außendienstmitarbeiter des Vertriebs eine sehr genaue Kenntnis über die zu betreuenden Kunden. Die Reichweite ihres kundenindividuellen Wissens erstreckte sich von spezifischen Daten, die für den eigentlichen Geschäftsabschluss relevant waren (z. B. welche Produkte werden benötigt oder kommen überhaupt infrage?), bis hin zu oftmals sehr privaten Themen (z. B. Lieblingsfußball-Club des Kunden). Auf diese Weise fühlte sich der Kunde beim Verkaufsgespräch sowohl kompetent beraten als auch persönlich geschätzt.

Interview mit dem langjährigen Außendienstmitarbeiter „WK"
Ich wusste über alle meine Kunden auch etwas Persönliches und habe dieses Wissen auch aktiv in die Kundengespräche mit eingebunden. Wenn ein Kundenbesuch bei einem Fußball-Fan anstand, dann habe ich erstmal vor meinem Termin den Sportteil der Zeitung gelesen und geschaut, was der Lieblingsverein gerade so macht. Oder wenn ich wusste, dass jemand gerne nach Italien reist, dann habe ich stets auch immer versucht, das mit einzubinden, indem ich diesen Kunden bspw. mit „CIAO!" begrüßt habe. Auf diese Weise war schnell ein Einstieg ins Gespräch gefunden und man fühlte sich auf einer Wellenlänge. Das hat einem die Arbeit sehr erleichtert, da der Kundenbesuch freundschaftlich eingefärbt war und beim Kunden Kosten- und Zahlungsaspekte, die zum Verkauf gehörten, etwas in den Hintergrund rückten. Und außerdem hat es natürlich auch mir sehr viel Spaß gemacht, sich mit den verschiedenen Menschen auszutauschen!

Die gute und persönliche Beziehung zum Kunden diente einer langfristigen Geschäftsbeziehung, da der Kunde weniger geneigt war, sich aufgrund persönlicher Gründe anderweitig zu orientieren. Selbst externen Wirtschaftseinflüssen, wie z. B. kleineren Preisanpassungen, hielt diese persönliche und individuelle Geschäftsbeziehung stand.[1]

Die Marktsituation, die heute vorliegt, hat sich jedoch deutlich verändert. Mit der stetig voranschreitenden Globalisierung und Digitalisierung sind die Märkte schneller und flexibler geworden [110, S. 1]. Die Beziehung zwischen Kunden und Anbietern hat sich fundamental verändert. Der Wettbewerb um den einzelnen Kunden steigt täglich.

---

[1]Die beschriebenen Einschätzungen in diesem Absatz basieren auf durchgeführten Expertengesprächen mit führenden sowie erfahrenen Vertriebsmitarbeitern.

Im Zuge der Globalisierung sind natürliche Marktschranken (z. B. geografische) nahezu völlig verschwunden [109, S. 78]. Heute kann der Kunde das gewünschte Produkt nahezu ortsunabhängig, sogar Ländergrenzen überschreitend, von allen verfügbaren Anbietern beziehen. Das Angebot und die Auswahl für den Kunden steigen, insbesondere da die Güter und Dienstleistungen zunehmend substituierbarer in Preis und Qualität sind. Das Angebot beginnt die Nachfrage zu übersteigen, der Preisverfall setzt ein und die Bindung zum einstigen Anbieter sinkt [23, S. 51–60; 24, S. 68]. In Konsequenz bedeutet dies, dass die individuelle Kundenbeziehung verstärkt in den Fokus gerückt werden muss, da durch das Produkt und den Preis kein zentrales Kaufargument geliefert werden kann [25, S. 3; 26, S. 27].

Die Bedeutung des CRM ist weitestgehend unabhängig von Branche und Unternehmensgröße. Folglich besitzt es für jedes Unternehmen auch ein gewisses Maß an Relevanz. Jedoch zeigen Forschungsergebnisse, dass insbesondere Unternehmen mit ausgeprägten Marketing- und Vertriebstätigkeiten verstärkt von CRM profitieren [9].

Ein gutes und effektives Customer-Relationship-Management umfasst viele Aspekte und Faktoren.

Zu den wichtigsten Faktoren zählt die Informationsintegration und damit eng verbunden die Qualität, Vollständigkeit [27, S. 27], Aktualität sowie die Verfügbarkeit der kundenbezogenen Daten [28, S. 54; 29; 30, S. 242–243]. Hieraus lassen sich kundenindividuelle Informationen gewinnen, die zum Aufbau einer langfristigen Kundenbeziehung genutzt werden können, in der Loyalität entsteht und die Kunden deshalb weniger geneigt sind vergleichbare Angebote von Wettbewerbern anzunehmen [27, S. 27].

Als ein Praxisbeispiel für den Einsatz des CRM kann die Deutsche Lufthansa aufgeführt werden. Für die Deutsche Lufthansa ist das Kundenbeziehungsmanagement bspw. von großer Bedeutung [31, S. 91; 32]. Sie hat sehr früh ein eigenständiges CRM-System eingeführt und verwaltet mehrere Millionen Kunden in diesem System. Dadurch ist es ihr möglich, Kundenbeziehungen besser zu managen und auf Kundenwünsche besser einzugehen.

2.2 Digitalisierung als Treiber der Transformation von CRM

Neben der größeren Auswahl an Anbietern und der damit einhergehenden verschärften Marktsituation, haben sich auch die Produkte selbst verändert. Angetrieben durch die fortschreitende Digitalisierung [8] werden Güter zunehmend digital und nicht mehr wie bisher in physischer Form bereitgestellt (z. B. CDs, Tickets, Lizenzen). Dies begünstigt die Substituierbarkeit und fördert ein anbieterunabhängiges Kaufverhalten. Des Weiteren wirkt sich die Digitalisierung auf die Menge an Informationen aus, die dem Kunden bereits vor Kauf vorliegen und erhöht diese beträchtlich. Begünstigt durch die zunehmende Digitalisierung aller Lebensbereiche kann heutzutage bspw. jeder Kunde nahezu zeit- und kostenneutral Angebote und Preise bequem per Smartphone und PC im Internet vergleichen [44]. Oftmals wird er dabei sogar noch von Anbietern unterstützt, die ihm mittels einer Plattform alle relevanten Angebote und Informationen bereitstellen (z. B. Internetvergleichsportal http://www.check24.de).

Diese Veränderungen fordern von den Unternehmen ein Umdenken, da das CRM in seiner bisherigen Konzeption zu kurz greift. Die Konzentration auf wenige, unternehmensinterne Daten reicht nicht mehr aus, weswegen die CRM-Strategien an neue Anforderungen angepasst werden müssen. Es reicht nicht mehr aus, die Eckdaten des eigenen Kunden zu kennen und über ein paar individuelle Informationen zu verfügen. Die Bedeutung lässt sich sehr leicht anhand des nachfolgenden Beispiels nachvollziehen: Liegen dem Anbieter neben den klassischen Kundendaten (bspw. Produkt, Unternehmen, Name) noch weitere Informationen vor, wie zum Beispiel die Bestellzyklen in denen das Produkt angefordert wird, so kann dem Kunden frühzeitig ein Angebot unterbreitet oder bspw. mit gezielter Werbung aktiv auf den Kunden zugegangen werden.

Hierfür ist es zwingend erforderlich, möglichst auf alle verfügbaren Kundendaten zugreifen zu können und diese zu analysieren. Datenanalysen und Prognosealgorithmen aus dem Big Data Umfeld stehen hierfür bereit [41]. Neben der Speicherung und Verarbeitung von großen Datenmengen ermöglichen moderne Analysetechnologien mannigfaltige Analysen in Echtzeit und stellen dem Anwender so stets die neuesten Informationen zur Verfügung. Für die Unternehmen, die diese Chancen als erste nutzen, entsteht so ein Wettbewerbsvorteil.

Die erweiterte Perspektive von CRM liegt somit klar auf der Hand: Wer seinen Kunden nicht nur bis ins kleinste Detail kennt (Stichwort: 360° Kundensicht), sondern auch sein individuelles Verhalten antizipieren kann, wird am Ende dauerhaft seine Wettbewerbsfähigkeit aufrechterhalten und ggf. steigern können.

Dies ist auch den Unternehmen bewusst. Das Customer-Relationship-Management gewinnt deshalb nahezu täglich an Bedeutung [45] und hat sich zu einer der wichtigsten Prioritäten im Unternehmen entwickelt [46].

Obgleich sich diese Anforderung für ein gutes und funktionierendes CRM vergleichsweise einfach anhört, ist die Umsetzung und das Sammeln sowie das Pflegen und Bereitstellen der Daten vergleichsweise komplex (vgl. bspw. Kap. 4 sowie [41]). Gemeinsam mit der Größe des Kundenstamms wachsen sowohl die

Bedeutung als auch die Komplexität des CRM an. Immer größere Datenmengen müssen erfasst, gepflegt und zielgerichtet analysiert werden. Im Idealfall liegen einem Unternehmen die Kundendaten vollständig und aktuell vor. Die aus den Daten im CRM abgeleiteten Informationen ermöglichen es bspw., den Kunden mit gezielten Marketingmaßnahmen anzusprechen und passgenaue Angebote zu unterbreiten. Ferner können dem Kunden weitere Produkte, die seinen Präferenzen entsprechen könnten, angeboten werden (Stichwort: Cross-Selling). Weisen die Daten jedoch Lücken auf, so können fehlerhafte Informationen entstehen, die gravierende Folgen haben können. Beispielsweise könnte eine Person Werbung erhalten, obwohl die Person der Zusendung von Werbebriefen ausdrücklich widersprochen hat. Im schlimmsten Fall kann dies dazu führen, dass Kunden komplett verloren gehen.

Hierfür kann entsprechende Software eingesetzt werden, die es einem Unternehmen ermöglicht, die Daten und Relationen, die seine Kunden aufweisen, abzubilden. Die Herausforderung dabei besteht insbesondere in der Integration und Interpretation der unterschiedlichen Daten [39, 47]. Moderne CRM-Software kann das Unternehmen in dieser Herausforderung unterstützen. Jedoch sind insbesondere fest installierte Software-Lösungen, die in vielen Unternehmen zum Einsatz kommen, anfälliger für Fehler. Als ein Aspekt hierfür kann genannt werden, dass die Vollständigkeit und Aktualität der kundenbezogenen Daten mitunter vergleichsweise schwierig zu gewährleisten ist und subjektiven Verzerrungen unterliegt. Dies lässt sich anhand des folgenden Beispiels gut verdeutlichen: Ein Außendienstmitarbeiter besucht für gewöhnlich mehrere Kunden an einem Tag. Dabei sammelt er eine große Menge von individuellen Kundendaten (z. B. im Kundengespräch, durch Beobachtung in der Produktion etc.). Fehlt ihm die Gelegenheit, diese neu gewonnenen Informationen unmittelbar ins System einzupflegen, so kann dies einen erheblichen Nachteil mit sich bringen. Es kann zum Beispiel dazu kommen, dass Daten oder Informationen vergessen werden und in Konsequenz das CRM-System nicht mehr aktuell und vollständig ist, da nicht alle Kundendaten vorliegen. Wird nun dieser veraltete Stand für eine kundenbezogene Maßnahme verwendet (z. B. Werbung für ein Produkt, das der Kunde nicht mehr verwendet), so empfindet der Kunde diese möglicherweise als unangenehm und überträgt dieses Gefühl im schlimmsten Falle nicht nur auf die Maßnahme, sondern auch auf den Anbieter selbst.

Um dieses Risiko zu minimieren, bieten nun immer mehr Anbieter cloudbasierte Lösungen für CRM an (vgl. Kap. 5). Diese haben den Vorteil, dass sie in Echtzeit von überall aus erreichbar sind und somit die Schwachstellen von starren und fest installierten Software-Lösungen kompensieren (vgl. Kap. 3). Obgleich

cloudbasierte Lösungen vielfältige Vorteile ermöglichen, wie zum Beispiel mühe-
lose Skalierbarkeit, fokussieren viele Unternehmen in Europa und insbesondere
in Deutschland auf die Risiken, die mit einer solchen Lösung verbunden sind
(z. B. was passiert, wenn die Daten in die Hände von Dritten oder im schlimmsten Falle von Wettbewerben gelangen).

Dieser Trade-off zwischen Chancen und Risiken stellt viele Unternehmen vor
die eine gleiche Frage: CRM in der Cloud – ja oder nein? Wie funktioniert das
eigentlich und welche Optionen stehen meinem Unternehmen offen? Um auf
diese Fragen eine Antwort zu finden, ist es unerlässlich, sich eingehender mit
den Komponenten des CRM und daran anschließend mit der zugrunde liegenden
Technik des Cloud-Computings auseinanderzusetzen.

2.3 Komponenten des Customer-Relationship-Management

Im Allgemeinen lässt sich das CRM in drei weitere Teile untergliedern [33,
S. 12]. Hierbei kann zwischen dem operativen, kollaborativen und analytischen
CRM unterschieden werden (siehe Abb. 2.1).

Im Operativen CRM [33, S. 12] werden Funktionen wie das Kampagnenma-
nagement oder die Vertriebsautomation bereitgestellt. Somit ist es maßgeblich
daran beteiligt, den direkten Kontakt zum Kunden zu unterstützen. Das Kollaborative CRM [33, S. 12–13] dient der Synchronisation aller Kommunikationskanäle, über die an den Kunden herangetreten und kommuniziert wird, wie bspw.
Telefon, Internet, E-Mail etc. Hierbei ist mitunter ein hohes Maß an Flexibilität
erforderlich, da fortwährend neue Kanäle entstehen (z. B. Whatsapp, Twitter oder
Facebook), die schnell eine größere Rolle für sich beanspruchen können. Das Kollaborative CRM und das Operative CRM werden des Öfteren zusammengezählt
und als eine Komponente aufgefasst (bspw. [4, S. 16]). Das Analytische CRM

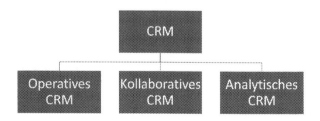

Abb. 2.1 Komponenten eines CRM-Systems

stellt die dritte Komponente des CRM-Systems dar. Im Rahmen des Analytischen CRM werden z. B. Kundendaten und kundenindividuelle Transaktionen (bspw. Bestellungen, Anfragen, etc.) ausgewertet. Die daraus gewonnenen Informationen können dann weiter genutzt werden, um bspw. eine effiziente Kampagnengestaltung oder Marktsegmentierung zu ermöglichen [33, S. 13]. Das Analytische CRM gewinnt im Zeitalter von Big Data immer mehr an Bedeutung [34], da im Marketing laut aktueller Studien (bspw. [35]) hier die größten Nutzenpotenziale liegen.

Beispielhafte Funktionen der Komponenten sind in Tab. 2.1 dargestellt [36].

Im Allgemeinen sollten sich alle Komponenten eines CRM-Systems in einer CRM-Lösung in der Praxis wiederfinden, wenn auch nicht immer unter dem gleichen Namen. Oftmals werden Funktionen einzelner Komponenten in verschiedene „Pakete" gepackt, welche der Kunde individuell hinzubuchen muss. Die vorgestellten Komponentenbezeichnungen tauchen dabei nicht immer auf oder werden nur teilweise genannt. Das praxisorientierte „Business Application Research Center (BARC)" gruppiert das CRM-Produktangebot bspw. nach folgenden Kategorien [37]:

- Marketingunterstützung
- Lead Management
- Vertriebsunterstützung
- Serviceunterstützung
- Datenqualität
- Mobile CRM/App
- Social CRM
- Analytisches CRM
- xRM
- CRM Suite

Tab. 2.1 Klassifikation von CRM-Funktionalitäten nach [36]

Kollaboratives CRM	Kontakt-Management	eCRM/Internet	Customer Interaction Center
Operatives CRM	Marketing-Automatisierung: • Kampagnenentwicklung • Kampagnenausführung • Kampagnencontrolling	Verkaufs-Automatisierung: • Auftrags-Management • Sales Force Unterstützung • Produktkonfiguration	Service-Automatisierung: • Helpdesk • Beschwerdemanagement • Service-Anfragen
Analytisches CRM	Marketing Analyse	Verkaufsanalyse	Service Analyse

Gemäß einer Untersuchung von Torggler [36] wurden im Jahr 2009 am meisten operative Komponenten und kollaborative Komponenten eines CRM-Systems genutzt. Ähnliche Ergebnisse zeigen auch andere Studien [38]. Analytische Systeme standen seitdem eher im Hintergrund. Kundenrentabilitätsberechnungen und Scoring-Anwendungen stellten im analytischen Umfeld die meisten Anwendungsfälle dar [38]. Dies hat sich jedoch in den letzten Jahren durch das Erscheinen von neuen Technologien im Big Data Umfeld gewandelt. Das CRM und dessen Komponenten befinden sich derzeit in einer Phase der Weiterentwicklung, die durch aufkommende Technologien und Trends wie bspw. Social Media, Big Data, Internet of Things vorangetrieben wird [39, 40]. Bedingt durch diesen technischen Fortschritt wird es möglich, immer mehr Daten unterschiedlichsten Formats (bspw. strukturiert wie Umsatzdaten oder unstrukturiert wie Texte aus sozialen Netzwerken) zu analysieren [41]. Hierdurch kann etwa eine zielgenauere Analyse der Kundentransaktion erreicht werden. Des Weiteren wird es möglich die individuellen Kundenbedürfnisse zu ermitteln oder zu stimulieren. Microsoft [40] zeigt bspw. auf, wie die Integration von IoT im CRM zu zufriedeneren, aktiveren sowie loyaleren Kunden führen kann. Je Branche und Vertriebsweg können jedoch die Anwendungsgebiete und jeweiligen Anordnungen vielfältig und unterschiedlich sein. So existieren bspw. im Online-Modehandel ganz andere Analyseobjekte als im stationären Handel. Retouren bspw. sind wesentliche Kostentreiber und sehr relevant im Online-Modehandel [42]. Daher ist deren kunden- und produktspezifische Auswertung im Onlinehandel zwingend in analytischen Systemen notwendig, um kundenspezifische Angebote zu unterbreiten und den Kundenservice zu steuern [42, 43].

Die sich ständig und schnell ändernden Rahmenbedingungen wirken sich stark auf die CRM-Systeme aus. Diese müssen immer flexibler werden und schneller anpassbar sein. Dies schafft Herausforderungen für die eingesetzte IT. Möglichkeiten, diesen Herausforderungen adäquat gegenüberzutreten, bieten neue Technologien wie das Cloud-Computing, das im Zuge des folgenden Kapitels näher betrachtet werden soll.

Cloud-Computing

3

3.1 Allgemeines zum Cloud-Computing

Cloud-Computing ist ein Ansatz, der darauf fokussiert, die Arbeitsteiligkeit im IT-Bereich zu erhöhen [5]. Im Gegensatz zu früheren Ansätzen setzt Cloud-Computing stark auf die Automatisierung von Dienstleistungen und ist sehr stark technologiegetrieben [48].

Cloud-Computing bedeutet, dass der gesamte Prozess der Auswahl, die Konfiguration, der Kauf und die Nutzung aufseiten des Cloud-Service-Anbieters automatisiert abläuft [48]. Kern ist die hochautomatisierte Bereitstellung von IT-Services. Sie ermöglicht es dem Benutzer, seine IT-Services im Self-Service zu beschaffen und zu konfigurieren. Das bedeutet konkret: Ohne Einschaltung eines Mitarbeiters des Cloud-Anbieters können Cloud-Services ausgewählt, gebucht und konfiguriert werden. Der Benutzer wird durch ein detailliertes Self-Servicekonzept eingebunden. Er spezifiziert und selektiert selbst die benötigten Services. Auch die Konfiguration, die Bestellung und die Abwicklung der Bezahlung werden auf den Kunden verlagert. Auf diese Weise kann zum Beispiel ein Kunde, der ein CRM-System implementieren möchte, je nach Zielgruppe zusätzliche Rechen- und Speicherkapazitäten bedarfsgerecht beschaffen. Zudem ist es ihm möglich, seine Zyklen, in denen er für die erbrachte Dienstleitung bezahlt, selbst festzulegen (z. B. monatlich).

Cloud-Computing-Services haben für den Benutzer eine Reihe von Vorteilen [49]: Sie sind praktisch ohne Zeitverzögerung verfügbar, benötigen keine Vorlaufinvestitionen und sind zudem rund um die Uhr nahezu ortsunabhängig verfügbar. Durch die hochflexible Konfiguration können sie an individuelle Bedürfnisse angepasst werden. Für Nachfragespitzen können schnell zusätzliche Kapazitäten bereitgestellt werden, d. h. Cloud-Computing-Services bieten eine sehr hohe Skalierbarkeit.

© Springer Fachmedien Wiesbaden GmbH 2018
M. Möhring et al., *CRM in der Public Cloud*, essentials,
https://doi.org/10.1007/978-3-658-19724-7_3

Gleichzeitig realisieren sie das Pay-as-you-go-Prinzip: Es wird im Wesentlichen nur das abgerechnet, was tatsächlich verbraucht worden ist.

Über die wirtschaftlichen Vorteile hinaus bietet Cloud-Computing auch technische Vorteile [50]. Für die Zusammenarbeit über Organisationsgrenzen hinweg ist es insbesondere hilfreich, dass Cloud-Services im gesamten Internet transparent nutzbar sind. Das heißt, ein Kunde kann die von einem Unternehmen bereitgestellten Cloud-Services über das Internet, unabhängig vom Ort, über einen beliebigen Rechner nutzen. Selbst das eingesetzte Endgerät spielt hierbei für die beliebige Nutzung keine Rolle [51]: Cloud-Services können von PCs, Tablets, Laptops, Smartphones etc. genutzt werden. Diese Fähigkeit des Cloud-Computing ist insbesondere für die Zusammenarbeit mit den Kunden von großer Bedeutung. Die Zusammenarbeit mit dem Unternehmen kann hier ohne größere technische Hürden stattfinden.

Ein weiterer wichtiger Vorteil von Cloud-Computing liegt im operativen Bereich [52]: So kann mit Hilfe von Cloud-Services leicht eine 24 h, 365 Tage-im-Jahr-Verfügbarkeit erreicht werden. Zusätzlich wird der Sicherheit im Bereich des Cloud-Computings in hohem Maße Rechnung getragen [53]. Die Rechenzentren großer Cloud-Anbieter werden von umfangreichen Teams gegen mögliche Angriffe von außen geschützt. Sie bieten daher ein sehr hohes Maß an Sicherheit gegenüber Hacker- und Trojanerangriffen. Anders sieht die Lage bei Zugriffen durch Behörden aus. So haben die Behörden in den USA ein weitgehendes Zugriffsrecht auf die Daten in Rechenzentren, selbst wenn die Daten ausländischen Unternehmen gehören.

Die am weitesten verbreitete Definition und Kategorisierung des Cloud-Computing ist die NIST-Definition [48]. Sie unterscheidet drei Service-Modelle und vier Bereitstellungsmodelle. Die drei Service-Modelle sind Infrastructure as a Service, Platform as a Service und Software as a Service. Infrastructure as a Service (IaaS) ist die Bereitstellung von virtuellen Ressourcen wie Computing, Speicher und Netzwerk [48]. Plattform as a Service (PaaS) ist die Bereitstellung von applikationsunterstützenden Diensten wie z. B. Datenbanken. Software as a Service (SaaS) ist die endbenutzerorientierte Bereitstellung von Software Funktionalität. Sie kann meist direkt von der Fachabteilung oder dem Kunden genutzt werden.

Zur Verdeutlichung der Service-Modelle sowie deren grundsätzlichen Unterscheidungsmerkmalen soll Abb. 3.1 dienen.

Aus der Grafik lässt sich leicht erkennen, dass bei Services gemäß dem Infrastructure as a Service-Modell die größten Möglichkeiten zur individuellen Anpassung bestehen. Gleichzeitig ist hier die Gefahr von sogenannten Lock-in-Effekten [55]

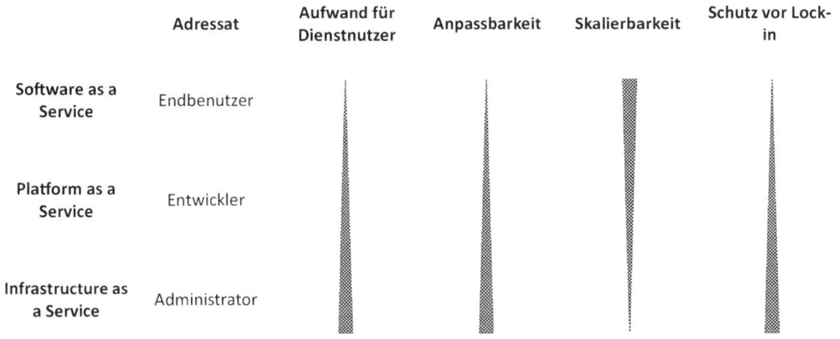

Abb. 3.1 Vergleich von Software-, Platform- und Infrastructure-as-a-Service basiert auf [54]

am Geringsten. Unter Lock-in-Effekten wird der Aufbau von technischen und wirtschaftlichen Hürden verstanden, die den Wechsel zu einem anderen Anbieter erschweren sollen. Diese Vorteile werden jedoch im Vergleich zu den anderen Modellen höchsten Administrationsaufwand erkauft [56]. Bei Services nach dem Software as a Service-Modell ist die Skalierbarkeit am Größten [57]. Den besten Schutz vor Lock-In-Effekten bietet wiederum Infrastructure as a Service [57]. Jede Lösung bietet somit ihre individuellen Vor- und Nachteile und ist im Einzelfall abzuwägen.

Weitere Vorteile entstehen durch die zentrale Pflege der Software im Cloud-Rechenzentrum [58]. Es müssen nicht mehr aufwendige Maßnahmen zur Aktualisierung von Desktop Rechnern durchgeführt werden, die häufig auch Konflikte mit dem laufenden Betrieb herbeiführen. Dies gilt besonders für Releasewechsel. Viele Cloud-Rechenzentren sind in der Lage, Software fein granular anzupassen. Daher kann auf umfangreiche und risikobehaftete Releasewechsel, wie sie beispielsweise früher bei Office-Paketen notwendig waren, verzichtet werden.

Das NIST-Modell unterscheidet zudem verschiedene Bereitstellungsmodelle [48] (siehe Abb. 3.2). Das verbreitetste Modell ist die Public Cloud. Bei ihr werden die Cloud-Services des Anbieters einer Vielzahl von Kunden angeboten. Daher ist hier die Reduzierung von Kosten durch Skaleneffekte am Höchsten. Die größten Cloud-Services, wie beispielsweise Gmail oder Outlook.com, können nach dem Public Cloud-Ansatz mehrere 100 Mio. Benutzer haben. Die beim Public Cloud-Ansatz stattfindende Speicherung von Daten auf externen Servern wird von sehr vielen Unternehmen als problematisch angesehen [59, 60].

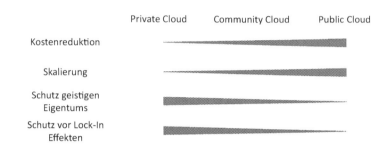

Abb. 3.2 Vergleich von Private, Community und Public Cloud basiert auf [54]

Es gibt jedoch deutliche Unterschiede bei der Einschätzung des Risikos durch die Auslagerung unternehmenskritischer Daten. Während in den USA die Risiken eher gering eingeschätzt werden, sind die Bedenken in Europa und insbesondere in Deutschland deutlich größer [61].

Daher versuchen viele Unternehmen durch das sogenannte Private Cloud-Konzept [48] die Vorteile einer Cloud mit der Kontrolle über ihre Daten zu kombinieren. Dazu werden die Automatisierungs- und Self-Service-Konzepte des Cloud-Computing unternehmensintern angewandt. Die dabei erzielbaren Skaleneffekte und insbesondere Kostenreduktionen können natürlich nicht die Größe wie bei einer Public Cloud erreichen. Dem gegenüber steht jedoch die vollständige Kontrolle über die Unternehmensdaten.

In der Praxis kombinieren viele Unternehmen Public und Private Cloud-Services. Dies wird gemäß der NIST-Definition als hybride Cloud bezeichnet [48]. Typischerweise werden die Kerndienste des Unternehmens eher im Rahmen einer privaten Cloud betrieben, weniger wichtige Dienstleistungen oder Dienste, die eine intensive Interaktion mit Externen benötigen, über eine Public Cloud.

Um die Skaleneffekte bei einer privaten Cloud zu steigern, hat sich ferner das sogenannte Community-Cloud-Modell entwickelt [48]. Hierbei schließen sich mehrere Unternehmen zusammen, um sich gemeinschaftlich gegenseitig Services bereitzustellen. Hierdurch kann ein deutlich besserer Schutz der Daten erreicht werden und gleichzeitig sind die Kostenreduktionen durch Skaleneffekte größer als bei einer privaten Cloud.

Auch bezüglich des Deployment-Modells bestehen Unterschiede [57]. So ist bei Private Clouds der Schutz von Daten und geistigem Eigentum am Besten. Anderseits ist bei Public Cloud-Services die Skalierbarkeit am stärksten ausgeprägt.

3.2 Kostenaspekte

Die Nutzung von Public Cloud-Lösungen für CRM und im Allgemeinen bietet verschiedene Kostenvorteile gegenüber herkömmlichen In-House-Lösungen [62].

Die Kosten, die in den Verträgen von Cloud-Dienstleistungen ausgewiesen sind, können bei Nichtnutzung der Leistung i. d. R. auf null bzw. einen geringen Kostenanteil reduziert werden [62]. Bei traditionellen IT-Systemen, die im eigenen Unternehmen bereitgestellt und gehostet werden, verhält sich dies anders. Hierbei muss i. d. R. die Kapazität von Servern für die erwartete Anzahl an Nutzern zurückgehalten werden. Ist diese Auslastung nicht vorhanden, da beispielsweise nur 5 Nutzer anstatt 50 das CRM-System nutzen, sind vorgehaltene IT-Leistung umsonst und erzeugen unnötige Kosten. Weiterhin wird bei jedem Überschreiten der höchstmöglichen Auslastung des Systems (in dem gezeigten Beispiel bei etwa 51 CRM Usern), eine Erweiterung der IT-Infrastruktur (bspw. um neue Server) nötig. Diese sind jedoch am Anfang wiederum nicht richtig ausgelastet, da bei der Erweiterung mehr Kapazitäten als benötigt (hier im Beispiel ein User) geschaffen werden. Dadurch entstehen Leerkosten für die zwar geschaffenen, aber noch nicht genutzten Kapazitäten (z. B. User). Dies wird auch als „sprungfixe-Kosten" bezeichnet [63]. Dieser Zusammenhang ist ferner zur Verdeutlichung in Abb. 3.3 dargestellt. Public Cloud-Lösungen können durch ihre sehr hohe Flexibilität derartige Leerkosten verringern [62].

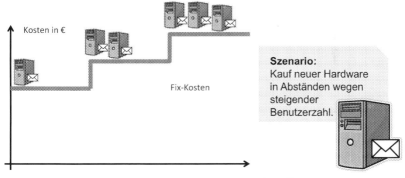

Abb. 3.3 Sprungfixe Kosten bei klassischen Lösungen in Anlehnung an [62]

Cloud-Leistungen können im Allgemeinen aus Kundensicht folgende Abrechnungsmodelle beinhalten [56, 62, 64]:

- Zeitbasiert (bspw. je nach Dauer der Nutzung des CRM-Dienstes)
- Volumenbasiert (bspw. je nach genutzter Menge an Diensten)
- Infrastrukturbasiert (bspw. je nach benutzten Endgeräten, etc.)

In der Praxis wird häufig eine Kombination aus mehreren Abrechnungsmodellen, wie zeit- und volumenbasiert, angewendet [56, 62]. Das in Abb. 3.4 dargestellte Beispiel von Microsoft zeigt die Kombination (Volumenbasiert: pro Nutzer; Zeitbasiert: pro Monat).

Ein weiterer positiver Kostenaspekt, der bei der Nutzung von cloudbasierten Lösungen entsteht ist, dass alle beanspruchten Cloud-Lösungen bei Inanspruchnahme in voller Höhe handels- und steuerrechtlich abschreibbar [56, 62] sind. Langwierige Abschreibungsprozeduren, wie sie bei traditionell intern beschaffter und betriebener IT (je nach Bilanzpolitik) vorzufinden sind, sind nicht notwendig [56, 62].

Aufwendige Wartungsarbeiten (bspw. Einspielung von Updates, Patches, Releasewechsel) übernimmt der Cloud-Anbieter [56, 62]. Hierdurch können zusätzliche Kostenvorteile durch die Nutzung von Public Cloud-Lösungen generiert werden.

Abb. 3.4 Abrechnungsmodelle am Beispiel von Microsoft Dynamics 365 [108]

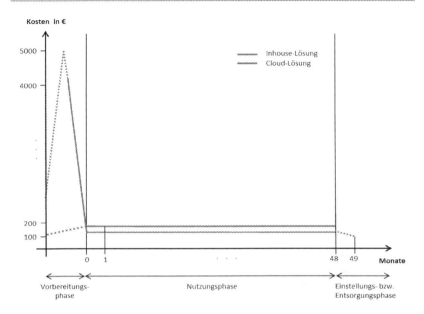

Abb. 3.5 Life-Cycle-Costing einer Public Cloud-Lösung im Vergleich zu einer In-House-Realisierung nach [62]. (Online farbig)

Weiterhin können Kostenvorteile realisiert werden, da der Cloud-Anbieter nötige Zertifizierung (wie bspw. SAS 70 Typ II.) übernimmt und die Zertifizierungen auch vom Kunden nutzbar sind [56, 62].

Jedoch ist eine Public Cloud-Lösung nicht immer als kostengünstigere Alternative zu betrachten (im Vergleich zur In-House-Lösung) [62]. Ab einem gewissen Nutzerstand kann die In-House-Lösung basierend auf einer Kostenbetrachtung günstiger sein. Daher sollte je Anwendungsfall eine genaue Kostenvergleichsrechnung [63] durchgeführt werden. Ein Life-Cycle-Costing-Ansatz[1] kann weiterhin durchgeführt werden, um die genauen Kosten je Phase (Vorbereitung, Nutzungs-, Einstellungsphase) zu beurteilen [62]. Ein Beispiel für einen Life-Cycle-Costing-Ansatz ist in Abb. 3.5 für eine Public Cloud-Lösung für Exchange (E-Mail) im Vergleich zur In-House-Lösung dargestellt.

---

[1]Life Cycle-Costing ist ein Verfahren der Beurteilung der Vorteilhaftigkeit von Investitionen und betrachtet dabei Investitionen lebenszyklusübergreifend [65].

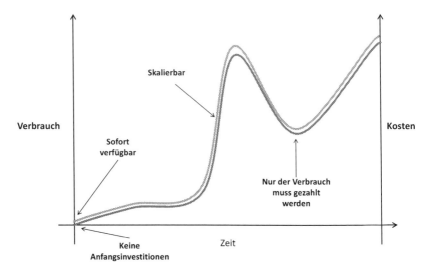

Abb. 3.6 Zusammenfassende Aspekte Cloud-Computing nach [56, 62]

Ferner sollte die Entscheidung nicht nur auf Basis der Kostenaspekte getroffen werden. Es ist wichtig, neben den Kosten noch weitere Aspekte (siehe Kap. 4) in die Entscheidungsfindung mit einfließen zu lassen.

Zusammenfassend lässt sich festhalten, dass durch Public Cloud-Computing Kostenvorteile für gewisse Fälle realisiert werden können. Weiterhin kann zusätzlich eine Synchronisation des Bedarfs an CRM-Leistungen mit den bereitgestellten CRM-Leistungen erfolgen. Damit werden unnötig vorgehaltene IT-Leistungen und die damit verbundenen Kosten reduziert. Der Gesamteffekt, der durch die positiven Kostenaspekte des Public Cloud-Computing entstehen kann, wird zur Verdeutlichung in Abb. 3.6 dargestellt.

3.3 Rechtliche Aspekte

Neben den bereits erwähnten Aspekten (z. B. Kosten) existieren weiterhin rechtliche Aspekte. Diese stellen eine weitere Rahmenbedingung dar, die nicht unbeachtet bleiben sollte in der Entscheidung über den Einsatz einer Public Cloud-CRM-Lösung. Im Fokus hier stehen die Vertragsausgestaltung sowie die

Vertragsmodalitäten. Es existieren bei der Vertragsgestaltung zwei grundsätzliche Möglichkeiten [66, S. 20]:

- Individuelle Vertragsaushandlung zwischen CRM-Nutzer und Public Cloud-CRM-Hoster
- Nutzung vordefinierter Verträge des Public Cloud-CRM-Hosters

Public Cloud-CRM-Hoster ist das Unternehmen, welches die CRM-Lösung in der Public Cloud bereitstellt. Dies kann bspw. SAP, Salesforce, Microsoft etc. sein (siehe Kap. 5).

Bei individuellen Verträgen ist auf präzise Bestandteile zu achten [66, S. 20]. Eine genaue Definition der CRM-Leistungen ist unabdingbar. Es sollte genau beschrieben werden, was die Cloud-Lösung leisten soll und wie mit Flexibilisierungsparametern (Abbuchung/Hinzubuchung von zusätzlichen Nutzern/Funktionen) umgegangen wird. Damit geht die Definition von sog. Service-Level-Agreements einher. Aspekte des Datenschutzes und der Datensicherheit sollten im Vorfeld genau definiert werden. Weiterhin sollte geklärt werden, was bei einem Anbieterwechsel passiert.

Bei der Nutzung von Public Cloud-CRM-Lösungen sind Datenschutzbestimmungen bspw. des Bundesdatenschutzgesetztes (BDSG) einzuhalten [66, S. 21]. Das Unternehmen, welches ein CRM-System in der Public Cloud nutzt, ist verpflichtet, sich bei der Datenverarbeitung an die gesetzlichen Bestimmungen zu halten [66, S. 21]. Nach Expertenauffassung ist eine Überwachung durch die CRM-Nutzer in der Praxis schwierig. Daher lassen sich Cloud-Anbieter hinsichtlich dieser gesetzlichen Anforderungen zertifizieren. Dieses Zertifikat kann dann etwa von den CRM-Nutzern zum Nachweis der Einhaltung der Bestimmung benutzt werden [66, S. 21]. Beispielhafte Zertifikate sind dabei bspw. der ISO/IEC 27018. Das Unternehmen Microsoft hat bspw. seine CRM-Dienste nach ISO/IEC 27018 zertifizieren lassen [67].

Aspekte des Datenschutzes und der Datensicherheit haben zu erheblichen Diskussionen und Bedenken bei deutschen Unternehmen, bei der Wahl von (Public) Cloud-Lösungen geführt (bspw. [68]). Der Onlinemodeversender Zalando [69] nutzt bspw. Salesforce CRM in der Telekom Cloud, da hier bspw. deutsche Datenschutzgesetze zugrunde gelegt werden [66, S. 20].

In den vorherigen Kapiteln wurden nun die Grundlagen dargestellt, während im Nachfolgenden direkt auf die Thematik des CRM in der Public Cloud eingegangen wird.

CRM in der Public Cloud

4

4.1 Allgemeines und Entscheidungskriterien für CRM in der Public Cloud

Customer-Relationship-Managementsysteme in der Cloud können entweder durch das Unternehmen selbst betrieben werden oder bspw. über einen externen Anbieter in der Public Cloud realisiert werden.

Die bisherige Forschung [19, 70] hat gezeigt, dass bei der Nutzung von CRM-Systemen in der Public Cloud verschiedene Einflussfaktoren existieren, die beschreiben, ob ein Unternehmen ein CRM in der Public Cloud nutzen oder eher davon absehen sollte (siehe Abb. 4.1). Insgesamt hat die bisherige Forschung insgesamt sieben verschiedene Faktoren identifiziert, die bei europäischen Unternehmen die Nutzung einer Public Cloud CRM beeinflussen [19]. Diese sind: Die Ausprägung der Marketingorganisation, Sicherheits- und Datenschutzaspekte, Funktionalitäten, Kosten, Skalierbarkeit, Integration sowie die Compliance. Diese Faktoren unterscheiden sich weiterhin in ihrer jeweiligen Wichtigkeit. Das heißt, wie stark sie im Einzelnen die Entscheidung eine Public Cloud-CRM-Lösung zu wählen beeinflussen.

Die Einflussfaktoren sowie der Wichtigkeit werden nun im Nachfolgenden weitergehend erklärt und ihre Wichtigkeit basierend auf der bisherigen Forschung [19, 70] erläutert.[1]

Die Ausprägung der Marketingorganisation [19, 70] stellt einen wesentlichen Einflussfaktor auf die Wahl von CRM in der Public Cloud dar. Unternehmen, die eine sehr ausgeprägte Marketingorganisation mit vielen mobilen Mitarbeitern haben, werden eher eine Public Cloud-Lösung wählen, als beispielsweise ein 1-Personen-Unternehmen.

---

[1]Grundlage für die nachfolgenden Erläuterungen bilden die wiss. Artikel [19, 70].

© Springer Fachmedien Wiesbaden GmbH 2018
M. Möhring et al., *CRM in der Public Cloud,* essentials,
https://doi.org/10.1007/978-3-658-19724-7_4

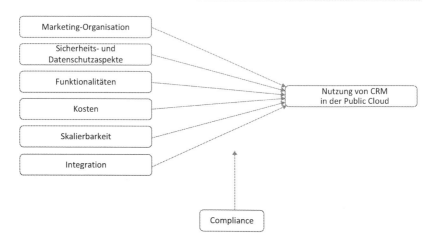

Abb. 4.1 Einflussfaktoren auf die Nutzung von CRM in der Public Cloud nach [19, 70]

Sicherheits- und Datenschutzaspekte [19, 70] sind weitere wesentliche Faktoren für die Nutzung der Public Cloud. Im Gegensatz zu einer eigens gehosteten Lösung werden alle Daten in der Public Cloud gespeichert und werden an eine dritte, externe Partei weitergegeben. Dadurch entstehen vielfältige Herausforderungen im Bereich Sicherheit und Datenschutz. Beispielsweise besteht durchaus die Möglichkeit, dass Wettbewerber den gleichen Cloud-Anbieter nutzen. Dies kann zur Folge haben, dass deren Daten auf dem gleichen Server oder Cluster liegen. Somit würde die Möglichkeit bestehen, dass diese in Besitz der wertvollen Kundendaten kommen könnten. Die Daten sind per Zugriffsschutz (bspw. Passwort) für jeden i. d. R. fast beliebig les- und ggf. schreibbar. Vor allem europäische und deutsche Unternehmen schreckten deshalb in der Vergangenheit von der Nutzung zurück [19, 70]. Amerikanische Unternehmen dagegen stehen dem Thema wesentlich offener gegenüber und sind in der Cloud-Adaption und Nutzung daher bereits viel weiter. Der Erfahrungsaustausch mit Praktikern und Wissenschaftlern aus Nordamerika zeigte, dass die europäischen Hemmnisse, in die Cloud zu gehen, meist nicht nachvollzogen und verstanden werden. Für dortige User ist der Einsatz dieser Technologie geradezu selbstverständlich, da die damit verbundenen Vorteile in den Mittelpunkt der Entscheidung gerückt werden.

Funktionalitäten [19, 70, 71] sowie deren Verfügbarkeit sollten weiterhin bei der Auswahl der Public Cloud-CRM-Lösung beachtet werden. Denn sind nicht alle Funktionalitäten die das Unternehmen benötigt (bspw. Reporting, Kundenwertberechnung, etc.) verfügbar, so lohnt sich der Gang in die Cloud nicht.

Oftmals kann es dazu kommen, dass große Unterschiede zwischen den Funktionalitäten der eigens gehosteten Lösung und der eines Public Cloud-CRM-Systems auftreten. Weiterhin sind eigene Erweiterungen und Programmierung bei Public Cloud-CRM-Systemen nach unserer Erfahrung i. d. R. nur schwer oder mit großem Aufwand möglich.

Kostenaspekte [19, 70] stellen einen weiteren Einflussfaktor da. Wie auch andere Untersuchungen zeigten (siehe Abschn. 3.2 sowie [62]), können Cloud-Lösungen Kostenvorteile mit sich bringen. Um eine klare Aussage treffen zu können, muss jedoch stets eine Abwägung des Einzelfalls vorgenommen werden. Im Allgemeinen lässt sich jedoch sagen, dass vor allem für kleine Unternehmen eine Public Cloud-Lösung erhebliche Kostenvorteile generieren kann (siehe auch Kap. 3).

Einen weiteren Einflussfaktor auf die Nutzung einer Public Cloud-CRM-Lösung stellt die *Skalierbarkeit* dar [19, 70]. Die Skalierbarkeit einer IT-Lösung ist definiert als die dynamische Anpassung des realen Bedarfs von CRM-Leistungen, wie z. B. die Anzahl an Nutzern und Funktionen an die real bereitgestellten und gebuchten IT-Leistungen [72]. Branchen oder Geschäftsbereiche, bei denen die Zahl an Vertriebsmitarbeitern Schwankungen unterliegt, können stark durch den Einsatz einer Public Cloud-Lösung profitieren. Denn diese ermöglichen es, dass sowohl Nutzer als auch CRM-Leistungen einfach hinzugebucht und ggf. wieder reduziert werden können. Bei unternehmensinternen Lösungen ergibt sich hingegen ein völlig anderes Bild. In den meisten Fällen besteht ein gewisses Kontingent an ungenutzten Ressourcen, die in gewisser Weise unumgänglich mit Kosten verbunden sind [62]. Konträr hierzu kann es aber auch dazu kommen, dass die Systemgrenze erreicht wird (bspw. max. Anzahl an Nutzern pro Server etc.). Dies hat zur Folge, dass Neuinvestitionen, Installationen, Konfigurationen, etc. nötig werden, die i. d. R. kosten- und zeitintensiv sind. Hier ist ein CRM-System in der Public Cloud deutlich flexibler. Anpassungen an den Bedarf können zeitnah und vergleichsweise kostengünstig vorgenommen werden. Benötigt ein Unternehmen vor allem diese Flexibilität, spricht dies klar für die Nutzung von CRM in der Public Cloud.

Die Integration [19, 70] der Cloud-Lösung in die bestehende IT-Infrastruktur ist ein weiterer wesentlicher Einflussfaktor auf die Entscheidung in die Cloud zu gehen. In der Regel müssen bei der Integration Daten vom CRM-System in andere Systeme übertragen werden und gleichzeitig muss das System selbst in der Lage sein von anderen Daten zu empfangen (siehe Abschn. 4.4 sowie [73, S. 375; 74, S. 192]). Generell sollte hier zwischen Prozess-, Daten- und Funktionsintegration unterschieden werden [75, 76]. Für jeden Einzelfall ist daher zu überprüfen, wie das Public Cloud-CRM-System in die bestehende IT-Landschaft (bspw. von ERP-, WWS-, E-Commerce-Systemen) integriert werden kann. Ist

keine oder eine nur sehr unzureichende Integration möglich, sind manuelle und
damit sehr fehleranfällige Schritte zur Datenübernahme nötig. Dabei sind vor
allem Herausforderungen bei der Integration von unstrukturierten Daten wie
Texten oder Posts zu beachten [77], obgleich diese neuen Datenquellen aus den
sozialen Netzwerken, wie bspw. aus Twitter und Facebook, im Rahmen des sog.
„Social CRM" [78] sehr wesentlich für das CRM-System sind. Daher sollte darauf geachtet werden, ob das Public Cloud-CRM-System mit der bestehenden
IT-Infrastruktur harmoniert und diese ineinander integrierbar sind. Ein komprimierter Überblick über die IT-Architektur wird in Abschn. 4.4 gegeben.

Compliance [19, 70, 107] beeinflusst als sog. Moderator[2] alle anderen Einflussfaktoren. Compliance im Allgemeinen sind alle gesetzlichen Anforderungen
sowie die intern selbst auferlegten Regeln [107]. So kann bspw. das Compliance-
Umfeld eines Pharmaunternehmens ganz andere Anforderungen an ein Public
Cloud-CRM-System aufweisen als bspw. ein Unternehmen im Modeeinzelhan-
del. Je nachdem, wie stark Compliance in einem Unternehmen ausgeprägt ist,
ändert sich auch der Einfluss der einzelnen Faktoren auf die Entscheidung eine
Public Cloud-Lösung zu nutzen. Dies lässt sich leicht nachvollziehen, wenn das
oben genannte Beispiel des Pharmaunternehmens und des Modeeinzelhandels
noch einmal aufgegriffen wird. Ein Pharmaunternehmen verfügt in der Regel
über viel sensiblere Produkt- und Patentinformationen (z. B. Allergien, chroni-
sche Erkrankungen etc.) als ein Modeeinzelhandelsunternehmen (z. B. Konfek-
tionsgröße). Aufgrund dieser sehr sensiblen Daten im Pharmaunternehmen sind
die Compliance-Regeln, die festlegen, wie diese Daten z. B. gespeichert oder
verwendet werden dürfen, vergleichsweise restriktiv. Dies führt dazu, dass durch
die strengere Compliance die Sicherheits- und Datenschutzaspekte in ihrer Wichtigkeit als Einflussfaktor zunehmen. Auf diese Weise wird der Einfluss der einzelnen Faktoren auf die Entscheidung, ein Public Cloud-CRM zu nutzen, durch
die unternehmensspezifischen Compliance Regeln und Anforderungen moderiert,
sprich: verstärkt oder abgeschwächt.

Wie stark die jeweiligen Einflussfaktoren wirken (welche mehr oder weniger
wichtig sind) zeigt eine Untersuchung, die mittels einer mehrstufigen Delphi-
Expertenstudie[3] von Schmidt, Möhring und Keller mit führenden CRM-Experten

---

[2]Moderatorvariable bzw. -effekt meint hierbei, wenn der Effekt einer oder mehrerer unab-
hängiger Variablen X auf die abhängige Variable Y von einer anderen Variable (Moderator)
beeinflusst wird [79, S. 295].

[3]Die Delphi-Studie ist eine Methode zur Expertenbefragung in mehreren Befragungs- bzw.
Diskussionsrunden [80, 81].

Europas durchgeführt wurde [70]. Im Rahmen dieser wissenschaftlichen Studie wurden sowohl die jeweiligen Einflussstärken der einzelnen Faktoren als auch die Teilfaktoren je Einflussfaktoren erforscht.

Abb. 4.2 fasst die Ergebnisse der Studie hinsichtlich der Einflussstärke der einzelnen Faktoren zusammen (5 = der Faktor übt einen sehr starken Einfluss auf die Wahl von CRM in der Public Cloud aus; 0 = der Faktor übt einen sehr geringen/keinen Einfluss auf die Wahl von CRM in der Public Cloud aus).

Die Studienergebnisse zeigen, dass die Sicherheits- und Datenschutzaspekte den stärksten Einfluss auf die Entscheidung der Wahl von CRM in der Public Cloud haben. Es folgen die Skalierbarkeit als zweitwichtigster und die Integration in die bestehende IT-Systemlandschaft als drittwichtigster Einflussfaktor sowie die Aspekte der Marketingorganisation, die Kosten sowie die Funktionalitäten.

Neben der Ermittlung der jeweiligen Wirkungsstärke der Einflussfaktoren wurden in der Studie von Schmidt, Möhring und Keller (2017) [70] auch die konkreten Teilfaktoren zu den jeweiligen Einflussgrößen ermittelt. Die identifizierten Teilfaktoren sowie deren Wichtigkeit können detailliert Tab. 4.1 entnommen werden.

Vor allem Sicherheitsaspekte wie die Vertrauenswürdigkeit des Anbieters und Aspekte der Marketingorganisation (wie bspw. Aktualität und Verfügbarkeit der Daten) sind neben den anderen Teilfaktoren sehr wichtig und sollten berücksichtigt werden.

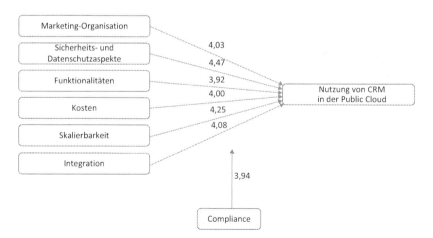

Abb. 4.2 Wirkungsstärke der Einflussfaktoren nach [70]

Tab. 4.1   Teil-Einflussfaktoren auf die Wahl zur Public Cloud nach [70]

Einflussfaktor	Teil-Einflussfaktoren	Wirkungsstärke
Marketing-organisation	• Verkaufsprozesse und Organisationsaufbau • Bereichsübergreifende Zusammenarbeit • Relevantes und nutzbares Marketingwissen • Aktualität und Verfügbarkeit der Daten	4,31 4,00 4,64 4,58
Sicherheits- und Datenschutz-aspekte	• Hauptsitz des Unternehmens und des Cloud-Anbieters • Verschlüsselungsaspekte • Verwaltung versch. Zugangsberechtigungen • Datenschutz • Vertrauenswürdigkeit des Cloud-Anbieters • Erhöhung der Sicherheit • Überlegungen hinsichtlich EU-Datenschutzgesetzen und -regelungen	4,36 4,47 4,56 4,67 4,83 4,14 4,53
Funktionalitäten	• Funktionen des Kundenmanagements • Forecasting-/Prognosefunktionen • Reporting-/Auswertungsfunktionen • Offline-Verfügbarkeit und ortsunabhängiger Zugriff	4,28 3,78 4,17 4,17
Kosten	• Service-Kosten • Kosten der Infrastruktur • Kosteneinsparungen durch Einsatz von Cloud-Computing	3,97 3,44 4,17
Skalierbarkeit	• Anzahl der Nutzer • Skalierbarkeit jeder Teilfunktion der Public Cloud-CRM-Lösung	3,58 4,08
Integration	• Integration in vorhandene IT-Infrastruktur • Vereinbarkeit und Konsistenz mit der Unternehmens-strategie	3,94 4,00
Compliance	• Interne Regularien und Gesetze • Branchenspezifische Aspekte	3,97 3,56

4.2   Anwendung der Einflussfaktoren in einer Nutzwertanalyse

Die in der Forschung herausgearbeiteten und empirisch überprüften Einflussfaktoren für die Entscheidung, eine CRM-Lösung [70] in der Public Cloud zu nutzen, können vielfältig für verschiedene Entscheidungsinstrumente und -verfahren genutzt werden.

Im Nachfolgenden wird die Möglichkeit der Nutzwertanalyse vorgestellt, um mehrere CRM-Lösungen in der Public Cloud miteinander zu vergleichen. Die

Nutzwertanalyse kann als ein Instrument zur Entscheidungsunterstützung basierend auf der Einschätzung der Erfüllung von verschiedenen Kriterien bei der Wahl von diversen Alternativen betrachtet werden [82, S. 373]. Als Kriterien können hierbei die unterschiedlichen Einflussfaktoren dienen (siehe Tab. 4.2). Alternativen stellen die verschiedenen CRM-Lösungen in der Public Cloud dar. Je Kriterium und Alternative wird dann ein individueller Nutzwert ermittelt [82, S. 373]. Im Ergebnis wird etwa die Alternative gewählt, welche den größten Nutzwert hat (sofern dieser den Mindestanforderungen des Anwendungsfalls/ Unternehmens entspricht).

Die Gewichtungen je Kriterium sollten im Vorfeld definiert werden. In der Summe sollten je nach Vorgehensweise und Methode 100 %-Punkte [83, S. 12] auf die sieben Haupteinflussfaktoren bzw. Kriterien verteilt werden. Als einfaches Beispiel könnte hier skizziert werden, das für die Einflussfaktoren je 15 Punkte (entspricht 15 %) verteilt werden und die Compliance mit 10 Punkten (entspricht 10 %) in die Wertung eingehen soll. Daher verteilen sich die Punkte im skizzierten Beispiel wie folgt:

- Marketingorganisation: 15 Punkte
- Sicherheits- und Datenschutzaspekte: 15 Punkte
- Funktionalitäten: 15 Punkte
- Kosten: 15 Punkte
- Skalierbarkeit: 15 Punkte
- Integration: 15 Punkte
- Compliance: 10 Punkte

In der Summe ergeben die sieben Faktoren wieder 100 Punkte bzw. 100 %.

Diese Gewichtungen sollten jedoch basierend auf den unternehmensindividuellen Gewichtungen der Faktoren erfolgen und in Anlehnung an die Ergebnisse der wissenschaftlichen Untersuchung von Schmidt et al. [70].[4]

Das gleiche Verfahren sollte weiterhin für jedes Unterkriterium durchgeführt werden. Die Summe der jeweiligen Punkte je Unterkriterium muss hierbei je Kategorie wieder insgesamt 100 Punkte bzw. 100 % ergeben [83, S. 12–13]. Dies bedeutet beispielsweise, dass die beiden Unterkriterien für Compliance in der Summe wieder 100 Punkte ergeben müssen. Eine beispielhafte Verteilung in dieser Kategorie könnte z. B. die Folgende sein:

---

[4]Ein Beispiel dafür ist im Anhang zu finden.

Tab. 4.2 Beispiel Nutzwertanalyse basierend auf den Erkenntnissen von [70]

Kriterium	Gewichtung	Alternativen			
		CRM-System 1	CRM-System 2	CRM-System 3	CRM-System 4
Marketingorganisation	• Verkaufsprozesse und Organisationsaufbau • Bereichsübergreifende Zusammenarbeit • Relevantes und nutzbares Marketingwissen • Aktualität und Verfügbarkeit der Daten				
Sicherheits- und Datenschutzaspekte	• Hauptsitz des Unternehmens und des Cloud-Anbieters • Verschlüsselungsaspekte • Verwaltung versch. Zugangsberechtigungen • Datenschutz • Vertrauenswürdigkeit des Cloud-Anbieters • Erhöhung der Sicherheit • Überlegungen hinsichtlich EU-Datenschutzgesetzen und -regelungen				

(Fortsetzung)

Tab. 4.2 (Fortsetzung)

Kriterium		Gewichtung	Alternativen			
			CRM-System 1	CRM-System 2	CRM-System 3	CRM-System 4
Funktionalitäten	• Funktionen des Kunden-managements • Forecasting-/ • Prognosefunktionen • Reporting-/ • Auswertungsfunktionen • Offline-Verfügbarkeit und ortsunabhängiger Zugriff					
Kosten	• Service-Kosten • Kosten der Infrastruktur • Kosteneinsparungen durch Einsatz von Cloud-Computing					
Skalierbarkeit	• Anzahl der Nutzer • Skalierbarkeit jeder Teilfunktion der Public Cloud-CRM-Lösung					

(Fortsetzung)

Tab. 4.2 (Fortsetzung)

Kriterium	Gewichtung	Alternativen			
		CRM-System 1	CRM-System 2	CRM-System 3	CRM-System 4
Integration					
• Integration in vorhandene IT-Infrastruktur					
• Vereinbarkeit und Konsistenz mit der Unternehmensstrategie					
Compliance					
• Interne Regularien und Gesetze					
• Branchenspezifische Aspekte					
• **Summe**					

- Interne Regularien und Gesetze: 50 Punkte
- Branchenspezifische Aspekte: 50 Punkte

Sind die allgemeinen Kriterien und Gewichtungen spezifisch definiert, kann nun der eigentliche Vergleich verschiedener Public Cloud-CRM-Lösungen beginnen. Dafür wird je Kriterium und CRM-Cloud-Lösung eine Bewertung vorgenommen [83, S. 16]. Dabei sind verschiedene Bewertungsformen wie bspw. eine 10er- oder eine Schulnotenskala möglich [83, S. 16 ff.]. Wir empfehlen die Durchführung der 10er-Skala, da individuell mehr Spielraum zur Einschätzung möglich ist und mögliche Transformationsschritte vermieden werden können. Eine mögliche Definition der Punktwerte hat Kühnapfel [83, S. 17] vorgenommen (Tab. 4.3).

Wird diese Definition angelegt, so kann dies wie in Tab. 4.4 verdeutlicht aussehen (Bewertung zufällig im Beispiel gewählt – System 3 erfüllt am besten die Anforderungen).

Tab. 4.3 Bewertungsskala. (Nach [83, S. 17])

Punktwert	Erläuterung
0	„Kriterium ist nicht erfüllt/nicht nützlich" [83, S. 17]
1–3	„Kriterium ist unzureichend und nur mit erheblichen Mängeln erfüllt/nur bedingt nützlich" [83, S. 17]
4–6	„Kriterium ist hinreichend, aber mit Mängeln erfüllt/nützlich" [83, S. 17]
7–9	„Kriterium ist in gutem Umfang erfüllt/sehr nützlich" [83, S. 17]
10	„Kriterium ist in sehr gutem Umfang erfüllt/außerordentlich nützlich" [83, S. 17]

Tab. 4.4 Beispiel-Bewertung

Kriterium		Gewichtung	Alternativen			
			CRM-System 1	CRM-System 2	CRM-System 3	CRM-System 4
Compliance	• Interne Regularien und Gesetze	50	1	10	9	4
	• Branchen-spezifische Aspekte	50	3	4	9	3

Für die anderen Kriterien ist die Vorgehensweise äquivalent zum dargestellten Beispiel.

Im nächsten Schritt werden die Nutzwerte je System und Teil-Kriterium basierend auf der Bewertung berechnet [83, S. 19 ff.]. Dies stellt den Berechnungsschritt der Nutzwerte für die Teilkriterien dar. Dabei wird die Bewertung jedes CRM-Systems mit der jeweiligen Gewichtung multipliziert [84, S. 62]:

$$Nutzwert = Gewichtung * Bewertung$$

Im aufgezeigten Beispiel bedeutet dies für das Kriterium Compliance:

- Ungewichteter Compliance-Nutzwert für CRM-System 1: 50 * 1 + 50 * 3 = 200
- Ungewichteter Compliance-Nutzwert für CRM-System 2: 50 * 10 + 50 * 4 = 700
- Ungewichteter Compliance-Nutzwert für CRM-System 3: 50 * 9 + 50 * 9 =900
- Ungewichteter Compliance-Nutzwert für CRM-System 4: 50 * 4 + 50 * 3 = 350

Dabei wird deutlich, dass, umso höher der errechnete Nutzwert ist, desto besser ist das System geeignet die Kriterien zu erfüllen.

Im nächsten Schritt erfolgt eine Gewichtung auf Basis des Hauptkriteriums nach derselben Vorgehensweise [84, S. 62]. Für Compliance bedeutet dies im Beispiel bei 10 Punkten bzw. 10 %-Punkte-Gesamtgewichtung (siehe Erläuterungen des Beispiels oben):[5]

- Compliance-Nutzwert für CRM-System 1: 10 * 200 = 2000
- Compliance-Nutzwert für CRM-System 2: 10 * 700 = 7000
- Compliance-Nutzwert für CRM-System 3: 10 * 900 = 9000
- Compliance-Nutzwert für CRM-System 4: 10 * 350 = 3500

Im Anschluss erfolgt eine Addition aller einzelnen Nutzwerte zur „Nutzwertsumme" je CRM-Lösung [84, S. 62]:

$$Nutzwertsumme = \sum Nutzwerte$$

Im Beispiel kann dies wie in Tab. 4.5 berechnet bzw. dargestellt werden (Bewertungen und Nutzwerte im Beispiel sind rein zufällig gewählt).

---

[5]Andere Berechnungsvorschriften sind möglich (bspw. nur über %-Angabe). Die Hierarchie bzw. Ordnung der Systeme nach Nutzwert bleibt jedoch identisch.

Tab. 4.5 Ergebnisberechnung der Nutzwertanalyse

Kriterium		Gewichteter Nutzwert je Alternativen			
		CRM-System 1	CRM-System 2	CRM-System 3	CRM-System 4
Marketingor-ganisation	15 Punkte	5000	3000	14.000	15.000
Sicherheits- und Daten- schutzaspekte	15 Punkte	5000	7000	12.000	3000
Funktionali- täten	15 Punkte	5000	15.000	12.000	2000
Kosten	15 Punkte	5000	3000	11.000	3000
Skalierbarkeit	15 Punkte	5000	3000	12.000	10.000
Integration	15 Punkte	5000	10.000	14.000	2000
Compliance	10 Punkte	2000	7000	9000	4000
• **Summe**		32.000	48.000	84.000	39.000

Im Ergebnis wird das CRM-System gewählt, welches den höchsten Nutzwert aufweist [84, S. 62]. Eine Ausnahme hier wäre ein Nutzwert, der so klein ist, dass die Lösung nicht die Mindestanforderungen erfüllt. Im Beispiel würde das CRM-System 3 gewählt werden, da es mit Abstand den höchsten Nutzwert aufweist (84.000).

Hinsichtlich des hier gezeigten Beispiels ist zu beachten, dass verschiedene Berechnungsvorschriften existieren und möglich sind. Die hier durchgeführte Berechnung stellt nur ein Beispiel dar, wobei die Ergebnisse (welche Alternative wie „gut" abschneidet) i. d. R. identisch sind.

4.3 Praxisorientierte Einblicke in die Umsetzungsmöglichkeiten der Entscheidungskriterien

Die dargestellten Forschungsergebnisse zu den Einflussfaktoren auf die Wahl eines CRM-Systems in der Public Cloud [70] sind praxisorientiert zur Entschei-dungsfindung gut umsetzbar.

Ein mittelständiger ERP-Spezialist argumentiert basierend auf dem vorge-stellten Modell, dass alle Anforderungen bspw. durch Cloud CRM-Lösungen von

SAP umsetzbar sind [85, 111]. Die Lösungen dieses Anbieters bieten eine breite Unterstützung der Marketing- und Vertriebsorganisation mit breitem Funktionsspektrum und Kosteneinsparungen durch Reduktion von IT-Beschaffungen an. Weiterhin ist die Lösung flexibel je nach Kundenanforderungen skalierbar. Integrationen aus dem SAP-Umfeld, wie bspw. dem SAP ERP, seien nach Meinung des Mittelständlers einfach möglich. Es wird dabei weiterhin argumentiert, dass durch vorgefertigte Integrationsszenarien, die der Kunde nutzen kann, bis zu 80 % Kosten und Zeitersparnisse bei der Implementierung möglich sind.

Dies soll jedoch nur als ein Beispiel dienen. Ähnliche Vorgehensweisen bieten auch andere Public Cloud-CRM-Anbieter an.

Erfahrungsgemäß und basierend auf Expertengesprächen sind folgende Aspekte bei der Entscheidung und Umsetzung zu beachten:

- Beachtung und Evaluation der Einflussfaktoren (Abschn. 4.1) basierend auf dem individuellen Anwendungsfall
- Nutzung eines Seed & Grow[6] Vorgehens: Beispielsweise erst mit der Public Cloud-CRM-Lösung bei kleineren Abteilungen oder Vertriebsstrukturen beginnen. Die dabei gesammelten Erfahrungen können dann ggf. im gesamten Unternehmen ausgerollt bzw. ausgebaut werden.
- Nutzung eines IT-Dienstleisters, welcher in Deutschland oder der EU sitzt
- Nutzung von Standards und Release-sicheren Schnittstellen

4.4 Architektur von Public Cloud-basierten CRM-Systemen

Zum Verständnis der Funktionsweise eines Public Cloud-CRM-Systems ist die Konstruktion der IT-Architektur unumgänglich. Die IT-Architektur beschreibt im Allgemeinen den Bauplan des Systems und dessen Infrastruktur [87, S. 209; 88, S. 22]. Die Architektur eines CRM-Systems besteht aus verschiedenen IT-Systemen [73, S. 375; 74, S. 192]. Bei einer Public Cloud-Version befindet sich das CRM-System im Internet und wird durch einen Dienstleister bereitgestellt (vgl. Kap. 5). Abb. 4.3 zeigt stark vereinfacht die Architektur eines solchen Systems auf Basis unserer Erfahrungen im CRM-Bereich. Die hier dargestellte grobe Architektur stellt nur eine Beispielarchitektur dar und erhebt keinen Anspruch auf

---

[6]Für Seed & Grow im Cloud Computing siehe bspw. [86].

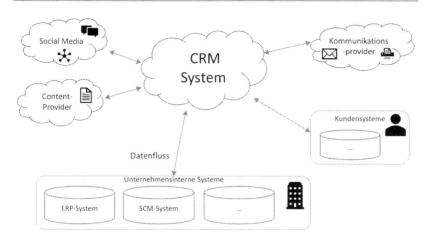

Abb. 4.3 Architekturüberblick

Vollständigkeit. Im Allgemeinen sollte eine individuelle Unternehmensmodellierung mit etablierten Methoden (siehe bspw. [89]) vorgenommen werden, um u. a. die genaue Konstruktion und Abhängigkeiten der jeweiligen IT-Systeme zu kennen und darauf aufzubauen.

Unternehmensinterne Systeme, welche mit dem Cloud-System integriert werden müssen, sind bspw. ERP-Systeme. Dadurch hat das CRM-System Zugriff auf Kundenstamm und Bewegungsdaten, wie z. B. Bestellungen. Der Cloud-CRM-Anbieter Salesforce stellt bspw. verschiedene Integrationskonnektoren zur einfacheren Integration zu Standard ERP-Systemen von SAP, Oracle oder Microsoft bereit [90]. Neben den internen Systemen bestehen je nach Ausrichtung des Unternehmens auch interne Kundensysteme, die bspw. über Kommunikationskanäle oder definierte weitere Schnittstellen integriert werden können. Dies ist vor allem im Business-to-Business-Bereich (B2B) der Fall. Im Business-to-Consumer-Bereich (B2C) kann dies i. d. R. vernachlässigt werden. Jedoch gibt es hier eigene Spezifika, die es zu beachten gilt. Wie im vorhergehenden Kapitel angedeutet, gewinnt Social Media im CRM-Bereich eine größere Rolle. Die Integration von Daten aus Twitter oder der eigenen Facebook-Fanpage sowie das Anstoßen von Aktionen dort (bspw. Werbemaßnahme auf Facebook) ist somit sehr wichtig und spiegelt sich auch im Architekturbild wieder. Cloud CRM-Lösungen von Salesforce [91] können bspw. einfache Stimmungsbilder von Kunden in sozialen Netzwerken ermitteln und darauf basierende Empfehlungen geben. Weiterhin können Kommunikationsdienstleister wie Post- oder Faxdienste integriert werden. Somit kann bspw. auch der gesamte Mailingprozess ausgelagert werden. Die Integration erfolgt dabei über standardisierte Schnittstellen mit den IT-Systemen des jeweiligen Anbieters. IT-Systeme von Content-Providern können weiterhin integriert werden. Diese liefern bspw. Daten über verschiedene Preise der Wettbewerber für bestimmte Dienste und Produkte oder weitere Daten zur Anreicherung von Kundendaten. Vor allem im Bereich von Dynamic Pricing [92] sind derartige Preisdaten sehr wichtig.

Es existieren weiterhin Datenquellen und Kommunikationsdienste, welche derzeit meist noch mit manuellem Aufwand in das CRM-System integriert werden müssen, aber aus praxisorientierter Sicht sehr vorteilhaft sind. Nachfolgende Datenquellen und Kommunikationsdienste haben sich als sehr nützlich zur Verwendung im CRM gezeigt:

- Nachfragedaten je Region aus Google-Trends (bspw. wo suchen welche Kunden nach welchen Produkten/Dienstleistungen)
- Daten über regionale Orte von Google Places (bspw. welche Wettbewerber agieren wo und sind wie bewertet?)
- Provider für In-Bound und Out-Bound SMS als Kommunikationskanal
- Nutzung von Whatsapp und Snapchat als Kommunikationskanal je nach Zielgruppe
- Nutzung von Chatbots[7] zur Kundenkommunikation

Weiterhin werden in vielen Unternehmen Analysen für das Analytische CRM durch externe Softwaretools (welche eine Datenintegration aufweisen müssen) aus dem Bereich Business Intelligence oder Predictive Analytics wie bspw. Rapid Miner oder IBM SPSS unterstützt.[8] Diese und weitere Systeme sind in der Abb. 4.3 (Unternehmensinterne Systeme) als zusätzliche Systeme mit „…" gekennzeichnet.

---

[7]Chatbots sind nach Bendel (2017) [93] „[…] Dialogsysteme mit natürlich sprachlichen Fähigkeiten textueller oder auditiver Art". Dabei chattet der Konsument nicht mit einem Menschen, sondern mit einem Computerprogramm des Unternehmens. Aktuelle Studien prognostizieren einen großen Anteil der Kundenbetreuung in Zukunft via Chatbots [94, 95]. Die Deutsche Lufthansa oder H&M nutzen bspw. schon Chatbots in der Kundenkommunikation [95].

[8]Hinweise zu den Beispielsoftwaretools finden sich auf den Anbieterseiten: https://rapidminer.com/ sowie https://www.ibm.com/software/analytics/spss/.

Überblick über mögliche Lösungen am Markt

5

Im nachfolgenden wird ein komprimierter Überblick über mögliche Public Cloud-CRM-Lösungen am Markt aufgezeigt. Prinzipiell existieren auf Basis unserer Erfahrung zwei grundlegende Möglichkeiten:

1. Hersteller von CRM-Lösungen hostet eigene Lösung in der Public Cloud
2. IT-Dienstleister hostet nicht selbst entwickelte CRM-Lösung in der Public Cloud

Tab. 5.1 zeigt ohne Anspruch auf Vollständigkeit und Gewähr eine Liste möglicher Public Cloud-CRM-Lösungen auf.

Gemäß dem Marktforschungsinstitut Gartner ist die Public Cloud-Lösung von Salesforce als „Leader" zu betrachten, wohingegen bspw. gehostete Lösungen in der Public Cloud von Sugar CRM eher als „Nischen-Player" angesehen werden [96, 97]. Bei den Ergebnissen ist jedoch zu beachten, dass dieses Marktforschungsinstitut nicht alle Hersteller listet und nicht explizit nach Public Cloud differenziert.

Bei der Systemauswahl empfiehlt es sich, die Funktionsfähigkeit der CRM-Systeme mittels Test-Accounts mit vorher definierten Anforderungen (wie Funktionalitäten und Benutzerfreundlichkeitskriterien) zu evaluieren [98]. Viele der genannten Anbieter bieten entgeltfreie Testphasen an. Ein Experte äußerte sich zu dieser Testphase wie folgt:

„Expertenmeinung zur Testphase"

Ein Experte aus dem Bereich Unternehmensarchitekturen äußerte in Bezug auf diese Vorgehensweise, dass Anbieter in den Evaluierungsphasen zu kritischen Anforderungen einen „Proof of Concept" anfertigen sollten, da nicht immer alle publizierten Funktionalitäten tatsächlich in dem beschriebenen Umfang funktionieren.

Somit kann eine solide Anbieterauswahl basierend auf realen Fakten durchgeführt werden.

© Springer Fachmedien Wiesbaden GmbH 2018   37
M. Möhring et al., *CRM in der Public Cloud*, essentials,
https://doi.org/10.1007/978-3-658-19724-7_5

Tab. 5.1 Überblick über Public Cloud-CRM-Beispielsysteme (Auszug)

Name der Lösung	Anbieter	Internet-Link
Base	Base/FutureSimple Inc	https://getbase.com/
Capsule CRM	Zestia Ltd	https://capsulecrm.com/
Contactually	Contactually, Inc	http://www.contactually.com/
Microsoft Dynamics 365	Microsoft Corporation	https://www.microsoft.com/en-us/dynamics365/
Oracle Sales Cloud	Oracle Corporation	https://www.oracle.com/de/
Pegasystems' CRM	Pegasystems Inc	https://www.pega.com/products
Pipedrive	Pipedrive Inc	https://www.pipedrive.com/de
Sales Cloud, SalesforceIQ	Salesforce.com INC	https://www.salesforce.com/de/
SAP Hybris Cloud for Customer	SAP SE	https://www.sap.com/products/cloud-customer-engagement.html
Solve360	Norada Corporation	https://solve360.com/
SUGAR CRM	SugarCRM Inc	https://www.sugarcrm.com/de
VTIGER	Vtiger Systems	https://www.vtiger.com/
ZoHo CRM	Zoho Corporation Pvt. Ltd	https://www.zoho.eu/crm/

Wirsing [98] zeigt an einem Projekt zum Einsatz von cloudbasierten CRM im Partnervertrieb der Deutschen Telekom AG, dass die Mitarbeiter bzw. späteren Nutzer bei der Systemauswahl in den Vordergrund gestellt werden müssen. Sonst ist die Akzeptanz des Systems und spätere Qualität der Prozesse gefährdet.

Einführung von Public Cloud-CRM- Systemen

6

Basierend auf den Einflussfaktoren zur Nutzung von Public Cloud CRM (vgl. Kap. 4) muss eine Entscheidung getroffen werden, ob eine CRM in der Public Cloud im Unternehmen eingeführt werden soll.

Ist eine Entscheidung für CRM in der Public Cloud erfolgt, existieren in der Praxis verschiedene Wege zur Umsetzung [99, S. 26 ff.]:

- Big Bang
- Schrittweise Migration[1]

Bei der sog. „Big Bang"-Umsetzung werden zu einem bestimmten Zeitpunkt alle CRM-Services für alle Benutzer umgestellt [99, S. 26 ff.]. Das bedeutet, dass eventuelle CRM-Altsysteme (sog. Legacy-Systeme) zu einem bestimmten Zeitpunkt abgeschaltet werden und ab diesem Zeitpunkt nur noch die neue Public Cloud-CRM-Lösung existiert. Vor allem, wo ein Betrieb des alten CRM Systems und des neuen Public Cloud-Systems parallel zu teuer oder nicht sinnvoll ist, sollte diese Methode angewendet werden [99, S. 26 ff.].

Bei der schrittweisen Migration werden hingegen nur bestimmte Bestandteile des CRM-Systems oder bestimmte Benutzergruppen des CRM-Systems nach und nach umgestellt [99, S. 27]. Hierbei wird das Altsystem nicht komplett, sondern schrittweise abgestellt und das neue CRM-System in der Public Cloud in Betrieb genommen. Die Dauer des Umstiegs ist entsprechend länger. Es kann jedoch in jedem Migrationsschritt an Erfahrung gewonnen und damit Prozesse verbessert werden [99, S. 27].

---

[1]Migration meint im Allgemeinen die Umstellung von einem System auf ein anderes (vgl. bspw. Stahlknecht 1991, S. 63) [100].

© Springer Fachmedien Wiesbaden GmbH 2018
M. Möhring et al., *CRM in der Public Cloud,* essentials,
https://doi.org/10.1007/978-3-658-19724-7_6

Weiterhin ist nach Münzl et al. [99, S. 27] auch ein optionaler Pilotbetrieb vor einer Big Bang oder schrittweisen Migration möglich. Dabei kann die Umsetzung auf gewisse, auftretende „Stolpersteine" bei der Umsetzung an einer bestimmten Benutzergruppe getestet werden. Welche Methode gewählt wird, sollte in Abstimmung mit den Fachverantwortlichen und ggf. unter Einbezug des Cloud-Anbieters sowie externer Berater erfolgen [99, S. 27].

Mit dem Umstieg in die Public Cloud muss zwingendermaßen ein sog. „Assessment" der IT-Landschaft erfolgen [99, S. 27 ff.]. Dabei muss bspw. betrachtet werden, welche Geschäftsprozesse wie von der Umstellung betroffen sind. Sollte keine Modellierung der Prozesse vorliegen, so bietet sich eine Modellierung dieser mit der (e)EPK oder BPMN an [101]. Auch die Auswirkung auf die IT-Architektur (bspw. nicht mehr benötigte Komponenten wie Server etc.) sollte beachtet werden.

Die Einführungszeiten können durch die Nutzung von agilen Methoden[2] und kleinen Teams verkürzt werden [98, S. 579]. Wiersing [98, S. 579] beschreibt im Umfeld der Deutschen Telekom AG, dass Einführungszeiten von schlanken Cloud-Lösungen bei unter vier Wochen liegen können.

---

[2]Der Einsatz von agilen Methoden ermöglichen i. d. R. mehr kollaborative Zusammenarbeit mit bspw. täglichen Entwicklermeetings und je nach Anwendungsfall eine schnellere Entwicklung basierend auf einem besseren Austausch und Verständnis von Anforderungen [102]. Ein Beispiel für eine agile Methode ist bspw. Scrum.

Fazit und Ausblick 7

Public Cloud-Lösungen wie CRM werden für Unternehmen immer wichtiger. Für viele Unternehmen kann dies ein richtiger Weg sein, um die Bereitstellung eines guten CRM-Instrumentariums zu gewährleisten. Die Entscheidung für diese Lösung ist jedoch mit vielen Fragen verbunden, welche im Einzelfall und unter Abwägung vieler Gesichtspunkte geschehen muss. Eine solche Entscheidung beeinflusst die Geschäftsabläufe innerhalb des Unternehmens und bspw. auch die zum Kunden. Des Weiteren beeinflusst sie auch die zugrunde liegende (IT-) Architektur. Fehlentscheidungen sind deshalb nur sehr zeit- und kostenaufwendig korrigierbar. Dennoch sollte es keine Scheu vor dem Weg und der Nutzung einer CRM-Lösung in diesem „neuen" technologischen Umfeld des Public Cloud-Computings geben.

Europäische Unternehmen sind im Vergleich zu Nordamerikanischen Unternehmen eher noch etwas zurückhaltend bei der Nutzung von CRM in der Public Cloud [19, 70]. Dies kann u. a. an unterschiedlichen rechtlichen Grundlagen und Auffassungen von Datenschutz und Sicherheitsaspekten liegen. Dennoch sind Public Cloud-Lösungen beliebter denn je [27].

Die Nutzung von CRM in der Public Cloud gewährt, wie in den Kapiteln dargelegt, dem Anwender bzw. anwendenden Unternehmen viele Vorteile. Die einfache Erreichbarkeit über das Internet, die Nutzung über fast jedes beliebige internetfähige Endgerät sowie schnelles Hinzubuchen neuer Nutzer und Funktionspakete sind nur einige dieser Vorteile. Für manche Unternehmen und Business Cases können auch erhebliche Kostenvorteile generiert werden. Neben Vorteilen existieren jedoch auch Nachteile, wie bspw. Herausforderungen bei der Integration in die bisherige Systemlandschaft (wie ERP-Systeme oder Onlineshops) sowie Datenschutz und Datensicherheitsaspekte. Nach unserer Auffassung sollten vor allem CRM-Systeme genutzt werden, welche auf definierte und verbreitete

© Springer Fachmedien Wiesbaden GmbH 2018   41
M. Möhring et al., *CRM in der Public Cloud,* essentials,
https://doi.org/10.1007/978-3-658-19724-7_7

(Industrie-)Standards setzen und von einem IT-Dienstleister bereitgestellt werden, der in Deutschland oder der EU seinen Unternehmenssitz hat und dort sein
Rechenzentrum betreibt. Die weiteren Ausführungen in den einzelnen Kapiteln
zeigen u. a. in komprimierter Form, welche Einflussfaktoren für die Wahl eines
Public Cloud-Systems nötig sind und wie diese zur individuellen Überprüfung
der Entscheidung genutzt werden können. Vorgehensweisen zur Einführung der
Public Cloud und ein Überblick über mögliche Systeme wurden gegeben.

Die Integration von Informationen aus sozialen Medien wie bspw. Facebook
oder Twitter sowie die Interaktion mit diesen Medien im Rahmen des sog. „Social
CRM" [78] werden in Zukunft immer wichtiger. Neue Kommunikationskanäle
wie bspw. Whatsapp oder Snapchat sollten je nach Zielgruppe ebenfalls genutzt
werden, um noch zielgruppenspezifischer und ggf. kostengünstiger zu kommuni-
zieren. Weitere Trends wie die Kundenintegration in CRM-Systemen und damit
die kundenindividuellere Massenproduktion werden immer wichtiger [103,
S. 645]. Umsetzungskonzepte wie bspw. Industrie 4.0 [104] treiben diesen Trend
weiter an. Daher sollten in der Zukunft Public Cloud-CRM-Systeme noch besser
mit der Produktion verknüpft werden, um die Bereitstellung von noch kunden-
individuelleren Produkten zu ermöglichen. Weitere wichtige CRM-Trends, welche Beachtung finden sollten, sind u. a. [105]: Chatbots, Voice Analytics, Micro
Moments, CRM Automation.

Wir prognostizieren für die Zukunft ebenfalls neue Sicherheitsstandards und
Prüfsiegel, welche vom Unternehmen genutzt werden können, um die richtige
Wahl des Cloud-Anbieters zu treffen. Neue Hosting-IT-Anbieter in Deutschland
und Europa könnten weiterhin zunehmen. Weiterhin sollte in Zukunft die Verfügbarkeit und Nutzung von sog. „Meta-Services" [106] zunehmen, die Änderungen
an der Softwarelösung anzeigen und dadurch die Integration erleichtern.

In Tab. A ist eine Beispielgewichtung für die Nutzwertanalyse von Abschn. 4.2 basierend auf den Forschungserkenntnissen von [70] dargestellt.

Die genaue Verfahrensweise der Nutzwertanalyse im Bezug zur Auswahl eines CRM-Systems ist in Abschn. 4.2 dargestellt.

Tab. A Nutzwertanalyse

Kriterium/Gewichtung[a]		Gewichteter Nutzwert je Alternativen			
		CRM-System 1	CRM-System 2	CRM-System 3	CRM-System x
Marketingorganisation	14,04 %				
Sicherheits- und Datenschutzaspekte	15,58 %				
Funktionalitäten	13,66 %				
Kosten	13,94 %				
Skalierbarkeit	14,81 %				
Integration	14,22 %				
Compliance	13,60 %				
• **Summe**					

[a]% der Gewichtung kann auch als absolute Zahl benutzt werden (analog zu Abschn. 4.2)

© Springer Fachmedien Wiesbaden GmbH 2018   43
M. Möhring et al., *CRM in der Public Cloud*, essentials,
https://doi.org/10.1007/978-3-658-19724-7

Was Sie aus diesem *essential* mitnehmen können

- Grundlegendes Verständnis über CRM und Cloud Computing
- Neue Trends und Herausforderungen im Bereich CRM
- Wissen über Entscheidungskriterien bei der Wahl von Public-Cloud CRM
- Wesentliche Aspekte bei der Einführung von Public-Cloud CRM.

© Springer Fachmedien Wiesbaden GmbH 2018
M. Möhring et al., *CRM in der Public Cloud,* essentials,
https://doi.org/10.1007/978-3-658-19724-7

Literatur

1. Bruhn M, Homburg C (2013) Handbuch Kundenbindungsmanagement : Strategien und Instrumente für ein erfolgreiches CRM. Wiesbaden: Springer, Wiesbaden.
2. Ingram TN, LaForge RW, Leigh TW (2002) Selling in the new millennium: a joint agenda. Industrial Marketing Management, 31:559–567. doi: 10.1016/S0019-8501(02)00175-X.
3. Wagner F (2011) Gabler Versicherungslexikon. Springer, Wiesbaden.
4. Hippner H, Wilde KD (2004) IT-Systeme im CRM: Aufbau und Potenziale. Springer, Wiesbaden.
5. Motahari-Nezhad HR, Stephenson B, Singhal S (2009): Outsourcing business to cloud computing services: Opportunities and challenges, IEEE Internet Computing, 10:1–17. doi: 10.1.1.406.4189
6. SAP (2016) SAP-CRM-Software | Lösungen für das Customer Relationship Management. http://go.sap.com/germany/ite/languages/de/product/crm.html. Zugegriffen: 29. August 2016.
7. N Leavitt N (2009) Is Cloud Computing Really Ready for Prime Time?", Computer, 42:15–20. doi: 10.1109/MC.2009.20.
8. Schmidt R, Zimmermann A, Möhring M, Nurcan S, Keller B, Bär F (2015) Digitization – Perspectives for Conceptualization. In: Celesti A, Leitner P (Hrsg):Advances in Service-Oriented and Cloud Computing, Springer, S. 263–275.
9. Atzori L, Iera A, Morabito G (2010): The internet of things: A survey. Computer Networks, 54:2787–2805. doi: 10.1016/j.comnet.2010.05.010.
10. Hof HJ, Schmidt R, Brehm L (2015) Enabling Digital Transformation using Secure Decisions as a Service, In: Celesti A, Leitner P (Hrsg): Advances in Service-Oriented and Cloud Computing, Springer, S. 289–298.
11. X. Liang, „CRM Business Cloud Computing", in *Proceedings of the 2011 International Conference on Innovative Computing and Cloud Computing*, New York, NY, USA, 2011, S. 103–106.
12. L. Columbus, „By 2018, 62% Of CRM Will Be Cloud-Based, And The Cloud Computing Market Will Reach $127.5B", *Forbes*, 2017. [Online]. Verfügbar unter: http://www.forbes.com/sites/louiscolumbus/2015/06/20/by-2018-62-of-crm-will-be-cloud-based-and-the-cloud-computing-market-will-reach-127-5b/. [Zugegriffen: 05-Juli-2017].

13. A. Payne und P. Frow, „A strategic framework for customer relationship management", *Journal of marketing*, Bd. 69, Nr. 4, S. 167–176, 2005.
14. I.-L. Wu und K.-W. Wu, „A hybrid technology acceptance approach for exploring e-CRM adoption in organizations", *Behaviour & Information Technology*, Bd. 24, Nr. 4, S. 303–316, 2005.
15. S.-Y. Hung, W.-H. Hung, C.-A. Tsai, und S.-C. Jiang, „Critical factors of hospital adoption on CRM system: Organizational and information system perspectives", *Decision support systems*, Bd. 48, Nr. 4, S. 592–603, 2010.
16. E. Gummesson, „Relationship marketing in the new economy", *Journal of relationship marketing*, Bd. 1, Nr. 1, S. 37–57, 2002.
17. A. S. Lo, L. D. Stalcup, und A. Lee, „Customer relationship management for hotels in Hong Kong", *International Journal of Contemporary Hospitality Management*, Bd. 22, Nr. 2, S. 139–159, 2010.
18. R. Bose, „Customer relationship management: key components for IT success", *Industrial management & Data systems*, Bd. 102, Nr. 2, S. 89–97, 2002.
19. R.-C. Härting, M. Möhring, R. Schmidt, C. Reichstein, und B. Keller, „What drives users to use CRM in a Public Cloud environment? – Insights from European Experts", in *Proceedings of the 49th Hawaii International Conference on System Sciences (HICSS), Kauai, IEEE*, Hawaii, 2016, S. 3999–4008.
20. W. Boulding, R. Staelin, M. Ehret, und W. J. Johnston, „A customer relationship management roadmap: What is known, potential pitfalls, and where to go", *Journal of Marketing*, Bd. 69, Nr. 4, S. 155–166, 2005.
21. V. Kumar und W. Reinartz, *Customer relationship management: Concept, strategy, and tools*. Springer Science & Business Media, 2012.
22. M. Hubschneider und K. Sibold, „CRM Erfolgsfaktor Kundenorientierung", *Aufl., Planegg–Munchen*, 2007.
23. R. S. Pindyck und D. L. Rubinfeld, *Mikroökonomie*, 7. Aufl. Pearson Deutschland GmbH, 2009.
24. W. Fritz, *Internet-Marketing und Electronic Commerce: Grundlagen – Rahmenbedingungen – Instrumente*. Springer-Verlag, 2000.
25. B. Mescheder und C. Sallach, *Wettbewerbsvorteile durch Wissen: Knowledge Management, CRM und Change Management verbinden*. Springer-Verlag, 2012.
26. A. Förster und P. Kreuz, *Offensives Marketing im E-Business: Loyale Kunden gewinnen – CRM-Potenziale nutzen*. Springer-Verlag, 2002.
27. „Studie: Die deutsche Internetwirtschaft", *eco – Verband der Internetwirtschaft e.V.* [Online]. Verfügbar unter: //www.eco.de/internetstudie.html.
28. K. Hildebrand, M. Gebauer, H. Hinrichs, und M. Mielke, „Daten-und Informationsqualität", *Auf dem Weg zur Information Excellence. Vieweg + Teubner Verlag/GWV Fachverlage GmbH Wiesbaden, Wiesbaden*, 2008.
29. D. Ahlert, J. Becker, R. Knackstedt, und M. Wunderlich, *Customer Relationship Management im Handel: Strategien – Konzepte – Erfahrungen*. Springer-Verlag, 2012.
30. J. Bromberger, *Internetgestütztes Customer Relationship Management*. Wiesbaden: Deutscher Universitätsverlag, 2004.
31. S. Sackmann, *Erfolgsfaktor Unternehmenskultur: Mit kulturbewusstem Management Unternehmensziele erreichen und Identifikation schaffen – 6 Best Practice-Beispiele*. Springer-Verlag, 2013.

32. D. Karg, „Customer-Relationship-Management/Kundeninformationen an allen Kontakt-punkten verfügbar: Lufthansa Passage startet CRM-System", 2003. [Online]. Verfügbar unter: https://www.computerwoche.de/a/lufthansa-passage-startet-crm-system,1059040. [Zugegriffen: 11-Juli-2017].

33. S. Helmke, M. F. Uebel, und W. Dangelmaier, *Effektives customer relationship management*, 4. Aufl. Wiesbaden, 2008.

34. G. Blum, „Analytisches Customer Relationship Management (CRM) und Big Data", in *Digitales Dialogmarketing*, Springer, 2014, S. 225–248.

35. R. Schmidt, M. Möhring, S. Maier, J. Pietsch, und R.-C. Härting, „Big Data as Strategic Enabler – Insights from Central European Enterprises", in *Business Information Systems*, W. Abramowicz und A. Kokkinaki, Hrsg. Springer International Publishing, 2014, S. 50–60.

36. M. Torggler, „The functionality and usage of CRM systems", *environment*, Bd. 30, Nr. 41, S. 47, 2009.

37. BARC, „CRM-Hersteller-Produkttabelle.pdf", 2017. [Online]. Verfügbar unter: http://barc.de/uploads/static/files/CRM-Hersteller-Produkttabelle.pdf. [Zugegriffen: 09-Juli-2017].

38. K. Mahnhart, „Umfrage zu Customer Relationship Management: TecChannel-Studie: Welche CRM-Lösungen sind die Besten?", 2009. [Online]. Verfügbar unter: https://www.tecchannel.de/a/tecchannel-studie-welche-crm-loesungen-sind-die-besten,1780194. [Zugegriffen: 09-Juli-2017].

39. U. Schmitz und J. Siegers, „Evolution des CRM durch Big Data", *ERP-Management – Zeitschrift für unternehmensweite Anwendungssysteme*, 2014.

40. Microsoft, „Enhance cross-channel retail personalization with IoT", *Internet of Things*, 16-Jan-2017. [Online]. Verfügbar unter: https://blogs.microsoft.com/iot/2017/01/16/enhance-cross-channel-retail-personalization-with-iot/. [Zugegriffen: 09-Juli-2017].

41. M. Möhring, R. Schmidt, S. Maier, und N. Keßler, „Big Data – Implikationen für die Betriebswirtschaft", *Wist – Wirtschaftswissenschaftliches Studium*, Bd. 2013, Nr. 8, S. 456–458, 2013.

42. M. Möhring, G. Walsh, R. Schmidt, C. Koot, und R.-C. Härting, „Präventives Retourenmanagement im eCommerce", *HMD Praxis der Wirtschaftsinformatik*, Bd. 50, Nr. 5, S. 66–75, 2013.

43. M. Möhring und R. Schmidt, „Daten-getriebene Unternehmensarchitekturen im E-Commerce für das präventive Retourenmanagement", in *45. Jahrestagung der Gesellschaft für Informatik*, Bd. 246, Cottbus, 2015, S. 881–893.

44. Y. Bakos, „The emerging role of electronic marketplaces on the Internet", *Communications of the ACM*, Bd. 41, Nr. 8, S. 35–42, 1998.

45. A.-M. Croteau und P. Li, „Critical success factors of CRM technological initiatives", *Canadian Journal of Administrative Sciences/Revue Canadienne des Sciences de l'Administration*, Bd. 20, Nr. 1, S. 21–34, 2003.

46. J. U. Becker, G. Greve, und S. Albers, „The impact of technological and organizational implementation of CRM on customer acquisition, maintenance, and retention", *International Journal of Research in Marketing*, Bd. 26, Nr. 3, S. 207–215, 2009.

47. M. Möhring, R. Schmidt, R.-C. Härting, und J. Heitmann, „Neue Potenziale im Controlling durch die Verarbeitung von unstrukturierten Daten in Marketing und Vertrieb", in *In: Klein, A. (2014) Marketing- und Vertriebscontrolling*, Haufe, 2014, S. 229–246.

48. P. Mell und T. Grance, „The NIST Definition of Cloud Computing", 07-Okt-2009. [Online]. Verfügbar unter: http://csrc.nist.gov/groups/SNS/cloud-computing/. [Zugegriffen: 06-Jan-2011].

49. M. Armbrust *u. a.*, „A view of cloud computing", *Commun. ACM*, Bd. 53, Nr. 4, S. 50–58, 2010.

50. I. Foster, Yong Zhao, I. Raicu, und S. Lu, „Cloud Computing and Grid Computing 360-Degree Compared", in *Grid Computing Environments Workshop, 2008. GCE '08*, 2008, S. 1–10.

51. H. T. Dinh, C. Lee, D. Niyato, und P. Wang, „A survey of mobile cloud computing: architecture, applications, and approaches", *Wireless communications and mobile computing*, Bd. 13, Nr. 18, S. 1587–1611, 2013.

52. R. Buyya, „Market-Oriented Cloud Computing: Vision, Hype, and Reality of Delivering Computing as the 5th Utility", in *Cluster Computing and the Grid, 2009. CCGRID '09. 9th IEEE/ACM International Symposium on*, 2009, S. 1.

53. R. L. Krutz und R. D. Vines, *Cloud Security: A Comprehensive Guide to Secure Cloud Computing*. Wiley Publishing, 2010.

54. R. Schmidt und M. Möhring, „Strategic alignment of Cloud-based Architectures for Big Data", in *Proceedings of the 17th IEEE International Enterprise Distributed Object Computing Conference Workshops (EDOCW)*, Vancouver, Canada, 2013, S. 136–143.

55. J. Farrell und P. Klemperer, „Coordination and lock-in: Competition with switching costs and network effects", *Handbook of industrial organization*, Bd. 3, S. 1967–2072, 2007.

56. M. Möhring, C. Koot, und R. Schmidt, „Kostenaspekte von Public Cloud-Angeboten", *ERP-Management – Zeitschrift für unternehmensweite Anwendungssysteme*, Bd. 8, Nr. 3, S. 39–41, 2012.

57. R. Schmidt, „Augmenting Cloud Requirements Engineering with Meta-Services", in *Computer Software and Applications Conference Workshops (COMPSACW), 2011 IEEE 35th Annual*, 2011, S. 488–493.

58. B. Hayes, „Cloud computing", *communications of the acm*, Nr. vol. 51, Juli 2008.

59. A. Bisong, M. Rahman, und others, „An overview of the security concerns in enterprise cloud computing", *arXiv preprint arXiv:1101.5613*, 2011.

60. „*Microsoft Corp. v. United States*", Wikipedia. 02-Juli-2017.

61. S. Pearson, „Privacy, security and trust in cloud computing", in *Privacy and Security for Cloud Computing*, Springer, 2013, S. 3–42.

62. M. Möhring, C. Koot, R. Schmidt, und M. Stefan, „Public-Cloud-Angebote: Kostenorientierte Entscheidungskriterien für kleine und mittlere Unternehmen", *Controlling – Zeitschrift für erfolgsorientierte Unternehmensteuerung*, Bd. 25, Nr. 11, S. 619–624, 2013.

63. G. Wöhe, „Einführung in die ABWL, 22", *Aufl., München*, 2005.

64. H. Krcmar, *Einführung in das Informationsmanagement*. Springer, 2011.

65. E. Günther, „Definition ‚Life Cycle Costing'. Gabler Wirtschaftslexikon", 2017. [Online]. Verfügbar unter: http://wirtschaftslexikon.gabler.de/Definition/life-cycle-costing.html.

66. C. Christmann und Fraunhofer-Institut für Arbeitswirtschaft und Organisation, Hrsg., *Cloud-Lösungen für das Handwerk: Hintergrund, Anwendungsfelder und aktuelle internet-basierte Angebote; Marktstudie*. Stuttgart, 2012.

67. D. Datenschutz, „Datenschutz-Zertifizierung für Microsoft Cloud-Dienste", *Datenschutzbeauftragter*, 19-Feb-2015. [Online]. Verfügbar unter: https://www. datenschutzbeauftragter-info.de/datenschutz-zertifizierung-fuer-microsoft-clouddienste/. [Zugegriffen: 09-Juli-2017].

68. W. Kurzlechner, „PwC-Anbieterstudie: Die größten Herausforderungen für Cloud – computerwoche.de", 2013. [Online]. Verfügbar unter: https://www.computerwoche. de/a/die-groessten-herausforderungen-fuer-cloud,2536974. [Zugegriffen: 12-Juli-2017].

69. J. Stübner, „Warum Zalando die Internet-Cloud der Telekom nutzt – Startups in Berlin – News aus der Gründerszene – Berliner Morgenpost", 2013. [Online]. Verfügbar unter: https://www.morgenpost.de/berlin-aktuell/startups/article207042621/Warum-Zalando-die-Internet-Cloud-der-Telekom-nutzt.html. [Zugegriffen: 09-Juli-2017].

70. R. Schmidt, M. Möhring, und B. Keller, „Customer Relationship Management in a Public Cloud environment – Key influencing factors for European enterprises", in *Proceedings of the 50th Hawaii International Conference on System Sciences*, 2017, S. 4241–4250.

71. B. Len, C. Paul, und K. Rick, „Software architecture in practice", *Boston, Massachusetts Addison*, 2003.

72. N. R. Herbst, S. Kounev, und R. Reussner, „Elasticity in Cloud Computing: What It Is, and What It Is Not.", in *ICAC*, 2013, S. 23–27.

73. T. Kollmann, *E-Business: Grundlagen elektronischer Geschäftsprozesse in der Net Economy*, 5., Überarb. u. erw. Aufl. 2013. Wiesbaden: Springer Gabler, 2013.

74. H. H. Wannenwetsch und S. Nicolai, „E-supply-chain-management", *Gabler, Wiesbaden*, 2004.

75. P. Mertens, *Integrierte Informationsverarbeitung 1*. Wiesbaden: Springer Fachmedien Wiesbaden, 2013.

76. A.-W. Scheer und M. Nüttgens, „ARIS Architecture and Reference Models for Business Process Management", in *Business Process Management*, W. van der Aalst, J. Desel, und A. Oberweis, Hrsg. Springer Berlin Heidelberg, 2000, S. 376–389.

77. M. Möhring, R. Schmidt, R.-C. Härting, und B. Keller, „Analyse von unstrukturierten Daten", *ERP-Management – Zeitschrift für unternehmensweite Anwendungssysteme*, Nr. 3, 2015.

78. R. Alt und D. W. I. O. Reinhold, „Social-customer-relationship-management (Social-CRM)", *Wirtschaftsinformatik*, Bd. 54, Nr. 5, S. 281–286, 2012.

79. D. Urban und J. Mayerl, „Regressionsanalyse: theorie, technik und anwendung", 2006.

80. J. L. Worrell, P. M. Di Gangi, und A. A. Bush, „Exploring the use of the Delphi method in accounting information systems research", *International Journal of Accounting Information Systems*, Bd. 14, Nr. 3, S. 193–208, 2013.

81. N. Dalkey und O. Helmer, „An experimental application of the Delphi method to the use of experts", *Management Science*, Bd. 9, Nr. 3, S. 458–467, 1963.

82. L. J. Heinrich und D. Stelzer, *Informationsmanagement: Grundlagen, Aufgaben, Methoden*, 10. Aufl. Oldenbourg, R, 2011.

83. J. Kühnapfel, *Nutzwertanalysen in Marketing und Vertrieb*. Springer-Verlag, 2014.

84. A. Mehlan, *Praxishilfen Controlling*. Haufe-Lexware, 2007.

85. FIS, „Whitepaper-CRM-in-der-Public-Cloud.pdf", FIS GmbH, Grafenrheinfeld, 2016.

86. L. P. Willcocks, W. Venters, und E. A. Whitley, „Cloud sourcing and innovation: slow train coming? A composite research study", *Strategic Outsourcing: An International Journal*, Bd. 6, Nr. 2, S. 184–202, 2013.

87. D. Frick *u. a.*, *Masterkurs Wirtschaftsinformatik: Kompakt, praxisnah, verständlich – 12 Lern- und Arbeitsmodule*. Springer-Verlag, 2009.

88. K. D. Niemann, *Von der Unternehmensarchitektur zur IT-Governance*. Springer, 2005.

89. K. Sandkuhl, J. Stirna, A. Persson, und M. Wißotzki, *Enterprise Modeling*. Berlin, Heidelberg: Springer Berlin Heidelberg, 2014.

90. „How you integrate", *Salesforce.com*. [Online]. Verfügbar unter: https://www.salesforce.com/eu/products/platform/services/how-you-integrate/. [Zugegriffen: 09-Juli-2017].

91. „Social Media Advertising & Social Listening Tools – Salesforce.com". [Online]. Verfügbar unter: https://www.salesforce.com/products/marketing-cloud/social-media-marketing/. [Zugegriffen: 09-Juli-2017].

92. R. Schmidt, M. Möhring, und B. Keller, „Design of Dynamic Pricing Systemes for Online-Retailers – Core Functionalities and Qualitative Insights", in *MCIS 2016 Proceedings*, Paphos, Cyprus, 2016.

93. O. Bendel, „Definition ‚Chatbot'. Gabler Wirtschaftslexikon", 2017. [Online]. Verfügbar unter: http://wirtschaftslexikon.gabler.de/Definition/chatbot.html. [Zugegriffen: 11-Juli-2017].

94. Oracle, „Can Virtual Experiences Replace Reality?" [Online]. Verfügbar unter: https://go.oracle.com/LP=43079?elqCampaignId=79575. [Zugegriffen: 11-Juli-2017].

95. T3N, „Oracle-Studie: Bis 2020 erledigen Chatbots den Kundendienst". [Online]. Verfügbar unter: http://t3n.de/news/chatbots-uebernehmen-kundendienst-bis-2020-775998/. [Zugegriffen: 11-Juli-2017].

96. „Salesforce is Named a Leader for the Ninth Consecutive Year in the Gartner Magic Quadrant for the CRM Customer Engagement Center.", *Salesforce Blog*, 2017. [Online]. Verfügbar unter: https://www.salesforce.com/blog/2017/05/salesforce-gartner-crm-customer-engagement.html. [Zugegriffen: 05-Juli-2017].

97. Gartner, „Magic Quadrant for the CRM Customer Engagement Center". [Online]. Verfügbar unter: https://www.gartner.com/doc/2718417/magic-quadrant-crm-customer-engagement. [Zugegriffen: 14-Juni-2015].

98. M. Wirsing, „Einsatz von cloud-basiertem CRM im Partnervertrieb der Deutschen Telekom AG", in *Digitalisierung im Vertrieb*, Springer, 2016, S. 577–584.

99. G. Münzl, M. Pauly, und M. Reti, *Cloud Computing als neue Herausforderung für Management und IT*. Springer-Verlag, 2015.

100. P. Stahlknecht, *Arbeitsbuch Wirtschaftsinformatik*. Springer-Verlag, 1991.

101. M. Möhring und C. Vogel, *Geschäftsprozessmodellierung: Eine Einführung für Studierende und Praktiker*. BoD – Books on Demand, 2013.

102. D. West, T. Grant, M. Gerush, und D. D'silva, „Agile development: Mainstream adoption has changed agility", *Forrester Research*, Bd. 2, Nr. 1, S. 41, 2010.

103. H. Krcmar, „Informationsmanagement", in *Informationsmanagement*, Springer, 2015, S. 85–111.

104. R. Schmidt, M. Möhring, C. Reichstein, P. Neumaier, und P. Josinovicz, „Industry 4.0 – Potentials for Creating Smart Products: Empirical Research Results", in *Business Information Systems*, Cham, 2015.

105. N. Hafner, „CRM-Trends 2017: Micro Moments, KI und Automatisierung. Marketing & Vertrieb. Haufe". [Online]. Verfügbar unter: https://www.haufe.de/marketing-vertrieb/crm/crm-trends-2017-micro-moments-ki-und-automatisierung_124_392304.html. [Zugegriffen: 11-Juli-2017].

106. R. Schmidt, „Meta-Services as Third Dimension of Service-Oriented Enterprise Architecture", gehalten auf der Enterprise Distributed Object Computing Conference Workshops (EDOCW), 2010 14th IEEE International, 2010, S. 157–164.

107. C. Krauth, „Definition ‚Compliance'. Gabler Wirtschaftslexikon", 2017. [Online]. Verfügbar unter: http://wirtschaftslexikon.gabler.de/Definition/compliance.html. [Zugegriffen: 05-Juli-2017].

108. Microsoft, „Pricing – Enterprise and Business Editions. Microsoft Dynamics 365". [Online]. Verfügbar unter: https://www.microsoft.com/en-us/dynamics365/pricing. [Zugegriffen: 09-Juli-2017].

109. D. Ludin, „Globalisierung als regionale Chance", Köln., M. und A. SPILLER (2003): Qualitätssignaling in der Gastronomie. Arbeitsbericht, Bd. 30, 2001.

110. Kohne, A. (2016). Business Development: Kundenorientierte Geschäftsfeldentwicklung für erfolgreiche Unternehmen. Springer-Verlag.

111. Schmidt, R.; Möhring, M; Keller, B; Pfeiffenbrück, J. (2016): CRM in a Public Cloud Environment – Practical Insights of Challenges and Possibilities for European Enterprises. In: ERP Future, LNBIP, forthcoming.

Printed in the United States
By Bookmasters